# 高职院校辅导员队伍
## 专业化建设研究

郭素萍／著

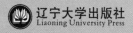
辽宁大学出版社
Liaoning University Press

**图书在版编目（CIP）数据**

高职院校辅导员队伍专业化建设研究/郭素萍著
. 一沈阳：辽宁大学出版社，2022.6
ISBN 978-7-5698-0744-8

Ⅰ.①高…　Ⅱ.①郭…　Ⅲ.①高等职业教育－辅导员
－师资队伍建设－研究　Ⅳ.①G718.5

中国版本图书馆 CIP 数据核字（2022）第 080958 号

高职院校辅导员队伍专业化建设研究
GAOZHI YUANXIAO FUDAOYUAN DUIWU ZHUANYEHUA JIANSHE YANJIU

出　版　者：辽宁大学出版社有限责任公司
　　　　　　（地址：沈阳市皇姑区崇山中路 66 号　　邮政编码：110036）
印　刷　者：沈阳市第二市政建设工程公司印刷厂
发　行　者：辽宁大学出版社有限责任公司
幅面尺寸：170mm×240mm
印　　张：9
字　　数：150 千字
出版时间：2022 年 6 月第 1 版
印刷时间：2022 年 6 月第 1 次印刷
责任编辑：吕　娜
封面设计：韩　实
责任校对：田苗妙

书　　号：ISBN 978-7-5698-0744-8
定　　价：49.00 元

联系电话：024-86864613
邮购热线：024-86830665
网　　址：http://press.lnu.edu.cn
电子邮件：lnupress@vip.163.com

# 前　言

习近平总书记在全国高校思想政治工作会议上强调，高校思想政治工作关系高校培养什么样的人、如何培养人以及为谁培养人这个根本问题。《普通高等学校辅导员队伍建设规定》（教育部令第43号）中明确规定："辅导员是开展大学生思想政治教育的骨干力量，是高等学校学生日常思想政治教育和管理工作的组织者、实施者、指导者。"因此，党和国家高度重视辅导员队伍的发展及工作成效，辅导员队伍专业化建设成为高校思想政治工作常讲常新的重要课题。

《国家职业教育改革实施方案》提出，职业教育作为一种"类型教育"，是国民教育体系和人力资源开发的重要组成部分，职业教育与普通教育具有同等重要地位。培养具有大国工匠品质、精神、情怀的专业技术人才和"建设知识型、技能型、创新型的劳动大军"离不开思想政治教育，尤其是高职院校辅导员。高职院校辅导员要有新作为，必须从党和国家事业发展高度、职业教育类型定位、学生成长成才需求和自身专业发展的角度全面审视新形势、新变化、新任务。

当前，高职院校辅导员队伍建设存在着"双重角色"与多重角色期待、职业群体数量与职业专业化发展质量、职业压力与个人职业成长诉求之间的现实矛盾。面对高职院校思想政治教育工作的严峻复杂形势，面对思想政治工作日益艰巨的任务，面对高职学生中存在的各种难点、热点问题对辅导员职业能力提出的新要求，辅导员队伍建设必须明确角色定位、完善培养培训体系、提升专业保障能力，才能从容应对各种挑战和复杂局面，提升辅导员的工作成效。

十年来，作者一直从事一线专职辅导员工作，既从实际工作中总结，又从理论中探索，始终秉持"干一行，知一行，研一行，爱一行"的职业操守，始终聚焦高职院校辅导员队伍专业化建设研究，系统构思，多维聚焦，日积月累，不断修正，最终构建成《高职院校辅导员队伍专业化建设研究》一书。

本书作为作者主持的2020年山西省高等学校哲学社会科学研究项目（思想政治教育专项）（2020zsszsx158）的研究成果，在撰写的过程中借鉴了许多专家学者的成果，在这里一并向他们表示诚挚的谢意。希望本书能够为长期奋斗在高职院校思想政治工作第一线的辅导员提供参考和帮助，从而有效提升高职院校辅导员队伍的专业化、职业化水平。由于水平有限，书中若有不足之处，诚恳希望读者予以指正。

作　者

二〇二二年五月十日

# 目　　录

# 第一章　高职院校辅导员队伍建设面临的新形势

2019 年，中共中央、国务院印发了《中国教育现代化 2035》，强调要"夯实教师专业发展体系，推动教师终身学习和专业自主发展"①。教育者首先要专业。辅导员兼具教师和管理人员双重身份，是高校思想政治工作体系的重要支撑力量，在推动学校发展、育德育才、校园安全和谐稳定中发挥着重要作用，其专业化水平更是提升高校思想政治工作质量、满足学生需求和期待、促进学生成长成才的重要影响因素。

《国家职业教育改革实施方案》提出：职业教育作为一种"类型教育"，是国民教育体系和人力资源开发的重要组成部分，是培养技术技能人才、促进就业创业创新、推动中国制造和服务上水平的重要基础。职业教育与普通教育是两种不同教育类型，具有同等重要地位。办好新时代职业教育，推动职业教育内涵式高质量发展，培养大国工匠、能工巧匠，成为促进经济社会发展和提高国家竞争力的重要支撑。提高人才培养质量是高等职业教育内涵式发展的核心，促进人的全面发展以适应社会需要是衡量职业教育质量的根本标准。承担学生思想政治教育和日常教育管理工作的辅导员，其育人能力和水平直接关系到人才培养的整体质量。高职院校辅导员队伍要有新作为、新担当，持续为我国高校思想政治工作和职业教育高质量发展发挥作用，就必须在中国共产党的坚强领导下，把落实立德树人根本任务当作辅导员工作的各项指针，从党和国家事业发展高度、职业教育类型定位、学生成长成才需求和自身专业发展的角度全面审视新形势、新变化、新任务。

---

① 中共中央、国务院印发《中国教育现代化 2035》［EB/OL］. 新华网，http://www. xinhuanet. com/politics/2019－02/23/c_1124154392. htm，2019－02－23.

## 一、立德树人根本任务为辅导员队伍建设指出新方向

习近平总书记在党的十九大报告中强调"要全面贯彻党的教育方针，落实立德树人根本任务"①，在全国高校思想政治工作会议上明确指出"高校立身之本在于立德树人"②，在学校思想政治理论课教师座谈会上强调要"用新时代中国特色社会主义思想铸魂育人，贯彻党的教育方针落实立德树人根本任务"③。习近平总书记围绕立德树人教育思想做出了系统而深刻的重要论述，这些论断高度凝练，科学回答了新时代教育工作的一系列具有战略性、全局性和方向性的重大命题，深刻阐释了我国社会主义教育的本质特征，对社会主义人才培养规律有了更深刻的把握，为我国高等教育办学方向、人才培养目标和价值导向提供了基本遵循。高校要落实党和国家对教育提出的战略任务，就必须坚持正确的政治方向，积极探索切实可行的立德树人模式，把立德树人作为一切工作的出发点和落脚点，作为检验学校一切工作的根本标准，把立德树人作为思想政治教育的根本价值所在，从而真正提升立德树人的成效。

我国高校肩负着培养德智体美劳全面发展的社会主义合格建设者和可靠接班人的历史重任。教育是确保国家永续发展的重要渠道，高等教育质量决定了国家未来命运和社会主流价值观。落实立德树人根本任务是我国高等教育发展的立足之本，加强思想政治工作是高校完成立德树人根本任务的根本途径。《普通高等学校辅导员队伍建设规定》（教育部令第 43 号）要求，高等学校要坚持把立德树人作为中心环节，把辅导员队伍建设作为教师队伍建设和管理队伍建设的重要内容。④ 辅导员肩负着对大学生开展思

---

① 决胜全面建成小康社会 夺取新时代中国特色社会主义伟大胜利——在中国共产党第十九次全国代表大会上的报告 [M]. 北京：人民出版社，2017：45.

② 习近平在全国高校思想政治工作会议上强调：把思想政治工作贯穿教育教学全过程 开创我国高等教育事业发展新局面 [N]. 人民日报，2016-12-09 (1).

③ 习近平主持召开学校思想政治理论课教师座谈会强调：用新时代中国特色社会主义思想铸魂育人 贯彻党的教育方针落实立德树人根本任务 [N]. 人民日报，2019-03-19.

④ 普通高等学校辅导员队伍建设规定 [EB/OL]. (2017-09-21). http://www.gov.cn/gongbao/content/2017/content_5244874.htm

想政治教育和日常管理的重要使命,这一双重职业角色使其成为高校落实立德树人根本任务的重要力量。辅导员队伍自身的素质和建设质量直接决定了大学生思想政治教育工作的质量,更决定了高校能否承担起培育德智体美劳全面发展的社会主义建设者和接班人的战略任务。推动辅导员队伍建设走向专业化,是高等教育落实立德树人根本任务的必然要求,也是推动高等教育高质量内涵式发展的应有之义。因此,高校辅导员队伍建设应坚定社会主义办学方向和扎根中国大地办教育的理念,站在"两个一百年"奋斗目标历史交汇点,面对新时代、新使命、新征程,牢记育人使命,紧紧围绕着立德树人这一根本任务来调结构、转方向、出实招、求实效,这样才能推动高校思想政治教育工作迈向新高度,全面推进高等教育事业的健康发展。

## (一) 立德树人的科学内涵

当前,立德树人根本任务的实现程度已关乎国家的前途命运、关乎党的事业后继有人。辅导员队伍作为高校人才培养和思想政治工作的骨干力量,要贯彻落实好立德树人这一根本任务,筑牢青年学生的成长之基,必须对立德树人的内涵进行深化解读,并将其贯彻到高校思想政治教育的实践全过程,这样才能实现理论与实践的辩证统一。

### 1. 揭示了教育的本质规律

"培养什么人、怎样培养人、为谁培养人"是开展一切教育实践活动的前提性和基础性的核心问题。"人"既是一切教育工作的出发点,同时也是最终落脚点。立德树人要求把思想认识中的"人"与现实教育实践中的"人"统一联系起来,进一步明晰高校思想政治教育工作的对象是"人"。这里所指的"人",是人与人在物质生产实践中形成的多样化的社会关系的总和。教育者在育人实践过程中要把握教育个体的自然属性,尊重个体所独有的主体性、差异性、发展性、不平衡性等内在特点。同时,教育者要把握教育个体的社会属性和社会价值,不仅关注个体知识的获得和技能的提升,还应注重"人之为人"存在的原则意义及所体现的社会教育价值取向,以真正实现人的全面发展。教育者在"培养什么人"方面必须把握根本,对教育活动的实施提供有效的政治导向和价值引领。中国共产党是我国社会主义的领导者，党带领着全国各族人民投身于建设中国特色社会主义伟大事业的实践中。我国是中国共产党领导的社会主义国家，社会性质决定了我们的教育必须坚持社会主义办学方向，把培养社会主义建设者和接班人作为根本任务，培养一代又一代拥护中国共产党领导和我国社会主义制度、立志为中国特色社会主义奋斗终身的有用人才。进入中国特色社会主义新时代，中国正跨步于实现社会主义现代化和中华民族伟大复兴中国梦的新征程。在这个新时代，习近平总书记强调教育要"培养担当民族复兴大任的时代新人"①。青少年是实现中华民族伟大复兴中国梦的主力军，高校要始终践行为党育人、为国育才的使命，培养广大青年勇担责任，做新时代的奋进者、开拓者和奉献者。可见，立德树人是对我国教育根本任务、培养目标的高度概括，揭示了我国教育的本质规律，为教育打上了精神底色，是对我国教育的社会主义办学性质规定性的新认识。

2. 揭示了德育在人的全面发展中的重要地位

中国历史上早有"立德、立功、立言""三不朽"之说，仁人志士把立德放在为人的最高境界，并把其作为自己一生孜孜以求的永恒价值。立德树人之"德"是一种基于个人、国家、社会关系维度的尺度规约，道德之于国家、社会、民族、个人都具有基础性意义。人只有通过树立德业、践行道德，方可超越有形生命之体达到精神、思想、人格上的不朽。"大学之道，在明明德，在亲民，在止于至善。"大学之宗旨在于弘扬高尚美好的品德，使人达到至善至美的境界。这些都揭示出立德为上、为重的价值取向，即立德是修身之本、为人之基，是人之为人的基础，要成人须先立德。贯彻立德树人必须在对"德"的传统伦理范式传承的基础上，发挥时代性赋予"德"的外在张力。培育和践行社会主义核心价值观，要注意把社会主义核心价值观日常化、具体化、形象化、生活化，使每个人都能感知它、领悟它，内化为精神追求，外化为实际行动，做到明大德、守公德、严私德。一个人只有在不同社会关系中做到明大德、守公德、严私德，其才方能用得其所。可见，立德树人之"德"既是一种内向的稳定力量，也是一

---

① 习近平在全国教育大会上强调：坚持中国特色社会主义教育发展道路　培养德智体美劳全面发展的社会主义建设者和接班人〔N〕. 人民日报，2018-09-11 (1).

种外向的蓬勃张力。因此，新时代立德树人需要在传统家国同构的伦理基础框架基础上，重塑符合时代诉求的道德内涵和模式，赋予社会结构组织中的"人"符合其社会角色定位的道德坐标，这样才能使每个人在对"德"的践行中"守好一段渠，种好责任田"。高校教育要遵循好社会主义的基本价值取向，扎根中华民族优秀传统文化，以社会主义核心价值观引领时代风尚，把促进学生的德性成长作为教育的首要任务，引导大学生养成良好的道德品质、行为习惯，在行动中培育他们正确的道德判断、道德责任，从而在大德、公德、私德不同维度中落实好担当民族复兴大任的时代诉求。

3. 揭示了人的道德发展与全面发展之间的辩证关系

立德树人，既强调"立德"又坚持"育人"，把"立德"作为根本，把"树人"作为核心，是对"育人为本、德育为先"认识的进一步深化。立德与树人同根同源。"立德"既是"树人"的前提和基础，又是"树人"目标实现的路径和方法。"树人"是教育的根本目的，是"立德"的价值追求和根本目标。两者辩证统一于立德树人的根本任务中。新时代中国特色社会主义教育方针就是要培养"德智体美劳全面发展的社会主义建设者和接班人"，而立德树人，将"德"从五个维度中提炼出来单独强调，可见"立德"的重要性，需要独立建设，但同时又必须把"德"贯穿于"树人"的全过程，既要充分发挥以德铸魂的基础作用，又要发挥"以智寓德、以体蓄德、以美启德、以劳树德"的交互作用。从立德树人的辩证关系我们不难看出，"立德"与"树人"并非并列关系，而是递进关系，是一个不可分割的有机体，德性成长是培养"完整人"，实现人的全面发展的根本保障。立德树人是对教育规律的深刻认识，高校必须把握立德与树人的辩证关系，将立德与树人紧紧相扣，同向发力，既要重视为党育人、为国育才的重要性，同时又要注重对学生道德品质、人格修养等的塑造，使"立德"与"树人"两者互为前提，互为因果。

**（二）辅导员队伍建设的新方向**

经济全球化、信息化和后工业社会的到来，使得人类正面临着日趋严峻的德性挑战。在正面与负面信息"共生共长"、真善美与假恶丑"同行并存"的背景下，高校立德树人工作面临着严峻的挑战。为此，高校教师要站在"两个一百年"奋斗历史交汇点，积极参与到教书育人、管理育人、组织育人、实践育人、文化育人、服务育人的过程中，培养学生坚定的理想信念和执着的报国情怀，给学生踏踏实实修好品德，培养学生成为有大爱大德大情怀的人。离学生最近、与他们接触最紧密的高校辅导员，具有教师和干部的双重身份，是高校开展思想政治教育的骨干力量，要勇担历史使命，在开展立德树人工作时，必须遵循思想政治教育规律、教育教学规律和学生成长规律，联系大学生的思想现状、个体差异不断创新思想政治教育方法，在思想政治教育、道德品质提升、价值引领、专业素养培养中实现"立德"，进而在"树人"的过程中，努力培育德智体美劳全面发展的社会主义建设者和接班人。

高校辅导员是高校实现立德树人根本任务的重要依托，在深化高校"三全育人"综合改革、构建"大思政"格局中具有举足轻重的作用。高职院校辅导员在落实立德树人根本任务时，要把"德"作为人才培养的基础。"立德"就是把"德"作为人才培养的基础，将社会主义核心价值观教育贯穿技术技能人才培养全过程。"树人"就是要把人由"站"起来变得"强"起来，培养拥护中国共产党领导和社会主义制度的高素质技术技能人才、能工巧匠。新时代辅导员要坚守育人初心，主动承担起立德树人的历史使命，站在推动中国职业教育高水平发展的维度重新审视辅导员的角色定位，以德立身、以德立学、以德施教，不断提升自身的思想理论教育和价值引领能力，将立德树人内化融入学生教育、管理、服务的各领域、各方面、各环节，真正承担起学生健康成长指导者和引路人的责任。

## 二、职业教育类型定位为辅导员队伍建设提出新要求

《国家职业教育改革实施方案》开宗明义，指出"职业教育与普通教育是两种不同教育类型，具有同等重要地位"①。新时代职业教育改革与发展，将"由参照普通教育办学模式向企业社会参与、专业特色鲜明的类型教育

---

① 国务院关于印发国家职业教育改革实施方案的通知［EB/OL］．（2019－01－24）［2020－12－20］．http：//www．gov．cn/zhengce/content/2019－02/13/content_5365341．htm

转变"，旨在"大幅提升新时代职业教育现代化水平，为促进经济社会发展和提高国家竞争力提供优质人才资源支撑"。这是国家在积极应对世界"百年未有之大变局"的形势下，为实现中华民族伟大复兴大计，在国家层面对职业教育改革与发展提出的全局性实施方案，对于提高职业教育的社会地位，促进职业教育发展具有重要的历史和现实意义。职业教育已不是专门满足无法继续接受普通教育的学习者求学需求的补充性教育，而是在社会、经济与个体发展中具有独特功能和独立形态的教育体系，是可供学习者选择的多种教育路径中的一种教育类型，而且与普通教育有着同等重要的地位，是一种不可替代的教育类型。可以说，高等职业教育是经济社会发展到一定阶段而衍生出的一种新型高等教育，是职业教育的高等阶段，它将更好地为经济社会的发展提供动力和保证。职业教育的类型定位是职教改革和发展的逻辑起点，将促进高等职业教育思想政治教育形态的革新与重塑。高等职业教育在人才培养、课程体系、教学手段与方法上都与普通教育有区别，作为承担学生教育与管理职能的辅导员需要在厘清职业教育与普通教育基本区别及主要联系的基础上，积极探索符合职业教育特点的思想政治工作体系和方法。这样才能实现辅导员专业化建设与高等职业教育变革的协调发展，才能对高职学生开展有针对性的思想政治教育，真正提高思想政治教育的实效性。

**（一）高等职业教育的根本属性**

职业教育作为"工具"或"手段"，在促进社会现代性与人的现代性过程中，具有自身特有的属性。高等职业教育不仅需要对学生进行思想政治、道德品质、文化知识的教育，还需要根据企业、行业、岗位的要求有针对性地对学生实施职业知识与职业技能的教育。

1. 育人属性

育人是教育的本质属性和价值追求，是高校办学的核心和首要职能。高校教育活动的价值在于通过教育促进人的全面发展、个性解放，促进学生的成长成才，是教育的"原点"。"百年大计，教育为本。教育大计，教师为本。"党的十八大以来，党和国家高度重视教师队伍建设问题，在不同场合多次强调教师育人工作的重要意义。习近平总书记先后提出了好老师的标准：一是"四有"，即有理想信念、有道德情操、有扎实学识、有仁爱之心；二是"四个引路人"，即做学生锤炼品格的引路人，做学生学习知识的引路人，做学生创新思维的引路人，做学生奉献祖国的引路人；三是"四个相统一"，即坚持教书和育人相统一，坚持言传和身教相统一，坚持潜心问道和关注社会相统一，坚持学术自由和学术规范相统一。习近平总书记在全国高校思想政治工作会议上指出，"做好高校思想政治工作，要因事而化、因时而进、因势而新。要遵循思想政治工作规律，遵循教书育人规律，遵循学生成长规律，不断提高工作能力和水平"[①]。高等职业教育要用好课堂教学这个主渠道，抓住加快构建中国特色哲学社会科学学科体系和教材体系这个重点，落实好以文化人、以文育人，运用新媒体新技术使工作活起来等要求，不断增强思想政治教育的亲和力和针对性、时代感和吸引力，从而春风化雨。习近平总书记对高校思想政治工作者提出了新的要求，高校教师要不忘立德树人初心，牢记为党育人、为国育才的使命，把培养和践行社会主义核心价值观融入教书育人全过程，坚持教育者先受教育，做到政治要强、情怀要深、思维要新、视野要广、自律要严、人格要正，努力成为先进思想文化的传播者、党执政的坚定支持者、学生健康成长的指导者和引路人。

2. 职业属性

高等职业教育作为与社会经济发展、产业转型升级联系最紧密的一种类型教育，具有与普通本科教育不同的特色。它不同于普通本科教育对人才学术素养水平的高度重视，而是更注重对实践型人才的挖掘，在学生教育和培养中更注重技术的培养和提高。职业教育在人才培养方面，注重全方位的社会需求，专业按社会分工进行设置，根据行业企业需求来调整专业设置、课程建设和人才培养模式，精准服务社会职业需求与岗位需求。在人才培养过程中坚持工学结合的人才培养模式，根据社会经济发展的实际情况与需求，培养具有大国工匠品质、精神和情怀的高素质技术技能人才，建设知识型、技能型、创新型劳动大军。高职教育注重培养应用和动

---

[①] 习近平在全国高校思想政治工作会议上强调：把思想政治工作贯穿教育教学全过程　开创我国高等教育事业发展新局面［N］. 人民日报，2016－12－09（1）.

手能力强的专业型人才，教学中强调"做中学、做中教"，以"做"为核心，实现"教学做合一"，以实践导向着重培养学生的专业技术技能以及复合型、智能型能力；通过创设接近于企业和社会的真实育人环境，以"任务驱动"和"工作过程的系统化"，实现知识到应用、应用向技能的有效转化，从而提升学生专业实践能力，提升掌握企业行业新知识、新技术、新思维的能力，为走向就业岗位、提升职业核心竞争力打下坚实的基础。杜威有句名言："一盎司的经验胜过一吨的理论。"高职院校在深化教育教学改革时，要以培养高素质的职业人为目标，以职业需求为导向，结合专业培养目标和职业岗位需求，构建凸显职业教育特征的思想政治教育和职业素养教育实践活动，坚持工学结合、知行合一，加强学生认知能力、合作能力、创新能力和职业能力培养，做到"教育性"与"职业性"的融合。

3. 跨界属性

《国家职业教育改革实施方案》提出，职业教育要"由参照普通教育办学模式向企业社会参与、专业特色鲜明的类型教育转变"①。职业教育的现代化是开放化的发展，其协同育人的办学格局由一元主体向学校与企业或其他社会机构的两个或两个以上的多元主体或多元办学及运行格局转变。从一元结构走向跨界的双元结构，是职业教育作为类型教育的本质特征。职业教育的建设是一项与区域产业发展和人力资源开发关系密切的系统工程，在育人上兼具学校思维和企业思维，不仅要遵从教育规律，还要遵循职业发展和职业成长规律。深化产教融合、校企合作，加强职业教育与企业联姻的跨界合作成为新时代职业教育发展的共识。跨界性是职业教育的本质属性，产教融合、校企合作、协同育人是职业教育人才培养的根本要求。职业教育的"跨界属性"体现在三方面：一是跨界导向。在兼顾学生就业与升学的基础上，职业培训、继续教育导向促进个体的生涯发展与社会的经济发展。二是跨界性质。强调职业技术技能的应用性和学习过程的实践性以及实践岗位中的创新性。三是跨界主体。产教融合、校企合作人才培养模式是实现教育和产业统筹融合、良性互动，学校培养与企业用人

---

① 国务院关于印发国家职业教育改革实施方案的通知［EB/OL］.（2019－01－24）［2020－12－20］. http：//www. gov. cn/zhengce/content/2019－02/13/content_5365341. htm

的有效衔接，解决当前人才教育供给与产业需求侧在结构、质量、水平上不适应的结构性矛盾的关键所在。新时代推进职业教育内涵式高质量发展，必须强化高职院校与产业界、高职院校之间的高度对接，深化产教融合，构建校企命运共同体，共建共享，以产业需求为导向开展人才培养，促进教育链、人才链与产业链、创新链有机衔接，进一步提升高等职业教育服务产业发展的能力和水平。

### （二）辅导员队伍建设的新要求

高等职业教育是一种兼具职业属性和高等属性的教育，职业属性和跨界属性是职业教育的主要特征和本质属性。高职教育这一特殊的高等教育类型，在学生群体、学生素养、教学目标、培养模式等方面都不同于普通本科院校，其培养出的学生不仅要符合高等教育的基本要求，还需要满足职业教育培养目标的要求。因此，高职教育需立足实际，更注重实践以及应用性的特征。产教融合、校企合作是提升高等职业教育人才培养质量，解决当前突出的产业转型升级对人才需求与职业教育人才培养供给之间结构性矛盾的根本路径。职业教育的高质量内涵式发展离不开思想政治教育，尤其是一线专职辅导员的日常思想政治教育。高职院校辅导员承担着高职学生在学习、生活、生产实践等多环节的思想教育、道德教育和职业素养教育任务，在实际工作中必须坚持以立德树人为根本，立足职业教育的类型定位，走产教融合发展道路，努力做好学生职业道德、职业态度、职业能力等方面的培养，使其成为德技双馨的、兼具实用性和适用性的高素质技术技能型人才。遵循职业教育的类型定位、学生职业成长规律，开展以产业和职业需求为导向的大学生职业核心素养的养成教育，实现辅导员职业能力提升由参照普通高校辅导员模式向企业、社会、学校多方参与，职业特色鲜明的类型教育特征转变，是加强高职院校辅导员队伍建设，适应国家未来职业教育发展的关键所在。辅导员作为学生职业素养提升的中坚力量，要深入推进产教融合人才培养模式，聚焦当代高职学生必备的适应社会进步、满足岗位竞争和个体职业发展需要的品格和关键能力，围绕企业产业链人才需求、经济社会发展等热点开展教育活动，实现人才培养设计与产业岗位需求、思想教育内容与职业标准、教育过程与生产过程的衔接融合，把工匠精神融入学生教育管理的全过程，把学生培养成适应产业发展需要的新时代"工匠"。同时，辅导员要重视职业性，以耦合区域产业结构调整对高职人才培养规格与质量的需求来提升自身的职业教育能力，使自身的发展与高职教育的改革发展及人才培养的特殊定位相适应，形成对接产业需要的教育管理方式。

## 三、教育对象成长成才对辅导员队伍建设提出新期待

梳理"培养什么样的人"的历史嬗变，是引领、教育、服务好学生的首要问题。进入新时代，高等职业教育的培养目标、教育对象都在发生着深刻的变化。

### （一）职业教育人才培养目标、教育对象的变迁

#### 1. 人才培养目标变化

职业教育人才培养目标大致经历了三个阶段的变化，即从 20 世纪 80 年代培养技术人员、管理人员和技工，到 90 年代至 21 世纪初培养实用人才和应用型人才，到 21 世纪初以来培养高素质技术技能人才、能工巧匠、大国工匠。系统梳理国家对职业教育人才培养目标变化的历史逻辑，全面考察特定历史阶段对职业教育"培养什么样的人"的变化，能够很好地归纳出职业发展变化对人才素养变化的要求。高职教育培养目标主要是高素质、高技能，说明高职教育不是压缩的学科型教育，更不是纯粹的技能型人才培养，而是兼顾素质教育与技能培养，能够满足经济社会发展、现代产业建设对高素质技能型人才需求的教育类型。高等职业教育已经从追求数量向高质量发展转变，职业教育人才培养已经从单纯追求岗位技术的专业技能及职业能力的工具理性向实现个体完整发展和主体自我实现的更高质量的价值理性转变。过分强调职业教育的工具理性，容易在教育培养中重视学生职业岗位的适应性，造成学生知识面狭窄，思维单一。这样会引起职业教育的"育人"功能的弱化，隐匿和忽略了学生"全面发展"的主体需要。新的时代面临着"新质量观"的呼唤，培养高素质技术技能人才的培养目标，把育人目标指向全面发展的人，更凸显出对道德价值观的重视，

更能推动高职教育全面走向"育人"的教育立场和目标，从而提高人才供给的质量。

**表1-1**　　　　　　　　**我国政策文本中对职业教育人才培养的规定**

| 阶段 | 时间 | 文件名称 | 人才培养目标的规定 |
|---|---|---|---|
| 第一阶段 | 1985年 | 中共中央关于教育体制改革的决定 | 现代化建设迫切需要千百万受过良好职业技术教育的初中级技术人员、管理人员、技工和其他受过良好职业培训的城乡劳动者。 |
| | 1986年 | 关于职业技术学校学制的暂行规定 | 对各级各类职业学校的培养目标做了分类说明，其中，职业技术专科学校培养"较高级技术员和相应层次的技术、管理人员"。 |
| 第二阶段 | 1994年 | 中国教育改革和发展纲要 | 职业教育的培养目标以培养社会大量需要的具有一定专业技能的劳动者和各种实用人才为主。 |
| | 1998年 | 面向21世纪深化职业教育教学改革的原则意见 | 职业教育要培养与21世纪我国社会主义现代化建设要求相适应的，具备综合职业能力和全面素质的，直接在生产、建设、技术和管理第一线工作的应用型人才。 |
| | 1998年 | 面向21世纪教育振兴行动计划 | 高职教育必须面向地区经济建设和社会发展，适应就业市场的实际需要，培养生产、服务、管理第一线需要的实用人才。 |
| | 2000年 | 关于加强高职高专教育人才培养工作的意见 | 高职高专教育培养拥护党的基本路线，适应生产、建设、管理、服务第一线需要的，德、智、体、美等方面全面发展的高等技术应用型专门人才。 |

| 阶段 | 时间 | 文件名称 | 人才培养目标的规定 |
|------|------|---------|------------------|
| 第三阶段 | 2001年 | 关于大力推进职业教育改革与发展的决定 | 职业教育应"培养一大批生产、服务第一线的高素质劳动者和实用人才"。 |
| | 2019年 | 国家职业教育改革实施方案 | 着力培养高素质劳动者和技术技能人才。 |

2. 教育对象变化

随着高职教育规模不断扩大，以"00后"为代表的新一代大学生开始大量涌入校园，成为新时代职业教育主要培养对象。他们成长在国家快速发展、改革开放不断深化、国际地位不断上升、互联网与生活联系日益紧密的时代。互联网已成为高校学生日常学习与生活的重要平台，他们处于全媒体发声、融媒体交互的时代，"人人皆学、处处能学、时时可学"，新媒体已然成为他们获取信息的"学习世界""生活世界""第三课堂"。伴随着国际国内社会进入"调整期""转型期"，各种社会思潮暗流涌动、相互交织，通过网络渗透的形式深刻影响着大学生的思想观念、价值取向、思维方式和交往方式，对高校的主流价值观教育造成了极大的冲击，消解着高校思想政治教育主渠道传递的正能量。随着高职院校扩招的实施，学生生源类型发生重大变化，扩招生源在学情、思想状况以及心理特征等方面都与传统生源有明显的区别，表现为发展需求多样化、价值多元化，独立意识、现代意识和批判意识不断增强，崇尚以自我为中心的个人主义，思想活跃且个性特征鲜明。青年时期是树立人生远大理想的关键时刻，高职学生作为大学生群体中的一部分，在以"分数论英雄"的社会大环境下，他们的身心发展尚处于不稳定阶段，对于新鲜事物和新观念具有极强的好奇心和接受能力，但又缺乏判断力和鉴别力，其思想和行为都带有不同程度的易变性。大多数学生积极向上、朝气蓬勃、好学上进、思想活跃、思维敏捷、个性鲜明、开放自信，探索未知劲头足，接受新生事物快，主体意识、参与意识强，但个别学生在把握理想与现实、自我成长与社会需求、物质追求与精神希冀、传统生活观念与现代意识等关系方面认知不清、处理不当，常常从自身的角度、从理想状态的角度来认识和理解世界，在思想意识上常常存在矛盾冲突偏激的情况。在我国经济体制变革、社会结构变动和利益格局调整时期，一些学生在应对未来利益持续调整中可能出现的就业压力、生活压力、工作压力时，会经常感受到社会调整中的阵痛，容易产生焦虑情绪和不良的社会认知与行为。大学生思想上的矛盾冲突在现实生活中必然表现为认知与行为的偏离、"实然"与"应然"的矛盾。因此，当内部压力遇上外部敌对势力，如网络舆论的渗透、破坏和颠覆时，必然会对思想尚未完全成熟且缺乏理性批判精神的高职学生的认知判断和价值选择产生影响。

### （二）辅导员队伍建设的新期待

世异则事异，事异则备异。随着高等职业教育改革的深入推进，在以立德树人为核心的职业教育高质量发展目标的指引下，加强高职院校辅导员队伍专业化建设已成为国家和高校的共识。加强高职院校辅导员队伍建设既是应对高校思想政治教育工作场域转换的客观要求，同时也是深刻把握教育对象身心发展规律的现实需要。高职院校辅导员作为学生成长成才路上的"关键导师"之一，在对处于"拔节孕穗期"的青年进行人生目标引导、成长成才现实困惑疏导时，要在自觉服从高等职业教育人才培养整体逻辑变化和高职学生成长成才个体逻辑变化的前提下，在"多元中立主导，多样中谋共识，多变中定方向"①。高职院校辅导员在对学生开展思想政治教育时要根据人才培养目标和人才培养模式，对学生思想政治教育的内容、重点、方法和途径等做出相应的调整，主动回应学生面向未来的发展需求，努力提升开展"适应性思想政治教育"的能力。同时要深入研究和准确把握网络时代高职学生的思想特点、行为准则和价值观念，强化能力建设，提升自我的网络思想政治教育能力。辅导员要准确把握学生的思想发展脉络，既遵循新时代青年群体普遍性的群体特征，又要考虑职业教育和高职学生的特殊性。充分利用大数据技术对高职学生的思想状况、现

---

① 焦佳. 新时代高校辅导员队伍专业化发展的路径选择 [J]. 思想理论教育，2018（07）：92-96.

实需求、问题困惑和行为范式进行数据画像，结合学生的新思想、新行为、新习惯、新问题，寻找符合高职学生特点和需求的网络思想政治教育方式，能够在新的教育情境中弹性地进行思想政治教育，从而提升对学生教育引导、心理咨询、发展指导的科学性和精准度，能够用最佳的方式解决学生思想和道德方面的问题，牢牢掌握"第三课堂"的主动权，真正把握思想舆论领域的话语权，将主流意识形态的价值理念转化为学生的情感共鸣、价值共识和践行向导。总之，面对职业教育育人环境的变化和高职学生越来越多的个性化发展、多样化追求，高职院校辅导员队伍建设必须依据高职教育人才目标定位的独特性对辅导员的专业素养方向、角色定位、职责与功能提出新的更高要求。辅导员队伍建设必须与学生成长成才教育同频共振，在教育中坚持职业教育的类型定位，将思想政治教育、心理健康教育、安全教育、学业指导与职业相结合，围绕学生职业素养的养成来开展教育，不仅要有方法的改变、能力的提升，更要有思维的转变和意识理念的优化，努力探索基于高职学生发展需求的辅导员专业化建设机制，做到精准实策，实现高质量对焦。

四、专业化、职业化发展要求对辅导员队伍建设赋予新任务

2016 年，习近平总书记在全国高校思想政治工作会议上的重要讲话指出："做好高校思想政治工作，要因事而化、因时而进、因势而新。要遵循思想政治工作规律，遵循教书育人规律，遵循学生成长规律，不断提高工作能力和水平。"[①] 这次会议上，习近平总书记还对包括辅导员队伍在内的高校思想政治工作队伍建设提出了新的要求。他指出："长期以来，高校思想政治工作队伍兢兢业业、甘于奉献、奋发有为，为高等教育事业发展作出了重要贡献。要拓展选拔视野，抓好教育培训，强化实践锻炼，健全激励机制，整体推进高校党政干部和共青团干部、思想政治理论课教师和哲学社会科学课教师、辅导员班主任和心理咨询教师等队伍建设，保证这支

---

① 习近平在全国高校思想政治工作会议上强调：把思想政治工作贯穿教育教学全过程  开创我国高等教育事业发展新局面 [N]. 人民日报，2016－12－09 (1).

队伍后继有人、源源不断。"① 党的十八大以来，以习近平同志为核心的党中央坚持把教育摆在优先发展的战略位置，把思想政治工作作为学校各项工作的生命线。按照习近平总书记对高校思想政治工作以及高校思想政治工作队伍的发展的新要求，开展辅导员队伍专业化建设是十分重要和必要的。辅导员身兼教师和管理者的双重身份，在高校教育和管理团队建设中具有"双重效应"。一方面，辅导员队伍是大学生思想政治教育的骨干力量，是贯彻党的教育方针，坚持社会主义教育方向的重要支柱；另一方面，辅导员队伍是培养时代新人的主力军。可见，辅导员是推动学校发展、育德育才、开展大学生思想政治教育工作的重要支撑力量，他们是离学生最近，最了解学生的群体，其工作状态将对学生产生直接影响，必然也会对高校人才培养质量和水平产生直接作用。由于辅导员工作的特殊性和重要性，辅导员自然成为完成立德树人使命，推动高职教育高质量发展的重要力量，其专业化、职业化水平将成为高校思想政治工作质量和人才培养质量的重要影响因素。

## （一）辅导员队伍专业化、职业化建设的内涵及历程

### 1. 辅导员队伍专业化、职业化建设内涵

辅导员队伍的"专业化"与"职业化"是两个紧密联系且内在统一的概念。专业化是一个职业（群体）经过一段时间后成功地满足某一专业职业标准的过程，它涉及两个一般是同时进行并可独立变化的过程，就是作为地位改善的专业化和作为专业发展、专业知识提高以及专业实践中技术改进的专业化。② 可见，一个职业的专业化建设总是以对该职业的专业属性把握为前提和理论依据的。③ 一门职业要想成为一门专业，必须具有特殊的知识领域，受过专门的职业训练，有着专门的职责、健全的专业组织和对应的社会地位、经济地位以及共同的价值追求和伦理规范。专业化是在角

① 习近平在全国高校思想政治工作会议上强调：把思想政治工作贯穿教育教学全过程　开创我国高等教育事业发展新局面 [N]. 人民日报，2016-12-09 (1).
② 邓金. 培格曼新国际教师百科全书 [M]. 教育与科普研究所，编译. 北京：学苑出版社，1989：542.
③ 李莉. 高校辅导员专业化内涵与路径的理论探索 [J]. 黑龙江高教研究，2010 (8)：20-23.

色实践中符合角色期待，不断呈现出不可替代且具有职业标准的发展过程，是一个职业区别于其他职业的重要标志。专业化包含着两层含义，第一层是指普通职业逐步与专业标准相吻合，成为一种专门职业和获得社会专业认可的过程。第二层是指在职业发展过程中，职业发展状态及专业性质所处的水平。随着社会分工的不断明确，辅导员这一职业也必然要走专业化道路。辅导员队伍的专业化是指辅导员职业逐步建立起独立的学科体系，拥有专业科学标准、专业工作场域、特定服务对象和培养培训体系，经过专业培训和实践，不断提升自身专业知识、专业技能、专业品质，逐步使自身符合专业标准，获得专业地位，发展成为专门人才的动态过程。强调辅导员队伍的专业化，就是强调辅导员队伍要不断丰富和提高大学生思想政治教育等相关学科的专业知识和专业技能，更好地承担其他思想政治教育主体无法承担的重要责任。辅导员队伍的专业化既是一种发展目标，也是一个长期的发展历程，其核心和落脚点就是不断提升辅导员队伍的专业水平，而这也是辅导员制度建设区别于其他队伍制度建设的价值所在。

职业化是指某项工作职业品质不断提升，最终形成一种特定职业或者达成职业的某种状态的发展过程，它是现代社会发展的产物，意味着社会走向高度分工，由"不是一个职业"转化为"成为一个稳定职业"的动态过程。高校辅导员队伍的职业化是指辅导员工作职业品质日益完善，岗位工作标准化、规范化和制度化，在思维观念、工作态度、知识能力上符合职业化标准，辅导员队伍中的主干力量能够长期地、稳定地成为专门从事大学生思想政治教育和日常管理的专业工作者。辅导员队伍的"职业化"涵括四个维度：第一是工作职能、职业边界和职业发展清晰化，有明确的岗位职责和未来发展的目标路径；第二是辅导员职业资格的准入机制逐步完善，有完备的辅导员的职业准入、职业能力标准和职业资格认证机制；第三是辅导员有明确的职业准则，对辅导员的职业道德和职业操守有明确的规范化的要求，这是辅导员获得工作资格的基础；第四是辅导员的培训和培养体系健全，职务、职称晋升机制不断完善。可见，职业化是对高校辅导员岗位的外在要求，侧重于辅导员职业本身的社会认同、制度确认和能力提升。职业化在满足辅导员基本需求以后，可以为其找到展现个性和才能的机会，达到自我实现和发展意义的价值目标，从而提升辅导员角色的社会认同。

高校辅导员职业化与专业化是高校辅导员队伍建设中的价值取向，是同一方向上的两个方面，既相互区别又紧密联系，具有内在的辩证统一性。其中，专业化是职业化的前提，职业化是专业化发展到一定阶段的成果，是辅导员队伍建设的发展主流。专业化是职业化的内在支撑，职业化是专业化的外在保障，只有具备了专业化，才会拥有社会地位，得到外界的认可，才会获得尊重。辅导员只有通过专业化、职业化才能获得"排他性权力"，激发出职业动力，将辅导员工作从自发的、经验的向科学的、专业的性质转变，从而在高校内部系统中发挥职业优势，获得应有的社会地位。

2. 辅导员专业化、职业化的历史进程

随着国家对辅导员队伍的高度重视和顶层设计的不断优化，辅导员队伍专业化实现了从萌芽到成熟的跨越，辅导员队伍专业化、职业化建设取得了显著成效。

（1）辅导员队伍初创时期。我国高校现行的辅导员制度最早可追溯到1936 年 6 月，中国共产党在江西瑞金创办了中国工农红军大学，后来演变为抗日军政大学，该校专门设置政治指导员职位，主要负责学员的思想、学习、健康、生活等工作。有学者将这一时期称为我国辅导员制度的萌芽阶段。1951 年 11 月 3 日，政务院颁布《关于全国工学院调整方案的报告》，首次提出为加强对全国工学院思想政治教育的领导，各学院要试行政治辅导员制度。辅导员制度首次上升为我国高校管理的正式制度。1952 年，教育部下发的《关于在高等学校有重点试行政治工作制度的指示》要求高校设立政治工作机构"政治辅导处"，配备若干名政治辅导员。[1] 辅导员的任务就是承担学生政治理论学习和社会活动的辅导，组织推动教职员的政治理论学习和社会活动。清华大学于 1953 年率先设立"双肩挑"政治辅导员，选拔思想政治觉悟高、业务素质好的高年级学生"半脱产"，定期为学生开展政治学习，宣传马列主义、毛泽东思想，加强大学生思想政治工作，[2] 这标志着我国辅导员制度的建立。政治辅导员制度在我国高校的创

---

[1] 王传中，朱伟. 辅导员工作指南［M］. 武汉：武汉大学出版社，2009：1—2.
[2] 冯刚. 辅导员队伍专业化假设理论与务实［M］. 北京：中国人民大学出版社，2010：6—7.

建，使得辅导员工作成为高校政治工作的一部分，确立了我国高校辅导员制度的职能和基本政治方向。总体来说，该阶段对高校思想政治教育工作的重要性有了进一步的认识，明确了辅导员的工作内容是做好学生的思想政治工作，协助党团组织开展思想政治工作，同时还对辅导员的工作进行了拓展，辅导员还可以承担部分教学工作。辅导员专业化建设强调政治性，把政治性作为首要的职业属性，为以后形成一支又红又专、德才兼备的辅导员队伍奠定基础，但该阶段的辅导员专业化建设内涵相对单薄。

（2）辅导员队伍的初期发展。20世纪80年代初期"思想政治工作科学化"命题的提出，推动了高校辅导员队伍建设进入科学化轨道。1980年，教育部、共青团中央印发了《关于加强高等学校学生思想政治工作的意见》，规定了政治辅导员不仅要做学生思想政治工作，也要坚持业务学习，有的还要担负一部分教学任务。[1] 同时还对建立政治辅导员制度或班主任制度，对政治辅导员或班主任选拔和发展做出规定。1981年，教育部在《高等学校学生思想政治工作暂行规定》中明确：政治辅导员与学生配比1:120；把中青年教师担任班主任或兼职辅导员工作的年限和成绩列为考核、晋升的一项重要内容；给予兼任班主任和辅导员岗位津贴；提出高年级大学生或研究生半脱产担任政治辅导员的条件和工作要求。[2] 辅导员的师生配备比例的、队伍正规化培训和晋升发展的提出，标志着国家对辅导员的专业性和规划管理逐步重视。1984年11月，《中共中央宣传部、教育部关于加强高等学校思想政治工作队伍建设的意见》中对高等学校思想政治工作队伍专职人员的构成和来源、政治素质和业务水平、培训和发展方向、政治待遇和生活待遇等做出相应规定。1987年5月颁发的《关于改进和加强高等学校思想政治工作的决定》对从事学生思想政治工作的专职人员实行教师职务聘任制，列入教师编制。[3] 可见在这一时期，国家开始强化辅导员队伍建设，逐渐规范辅导员工作，更加突出对辅导员政治理论素养和能力的要

---

① 教育部思想政治工作司. 加强和改进大学生思想政治教育重要文献选编（1978—2014）[M]. 北京：知识产权出版社，2015：6.

② 教育部思想政治工作司. 加强和改进大学生思想政治教育重要文献选编（1978—2008）. [M]. 北京：中国人民大学出版社，2008：36—37，51，265—270.

③ 陈正芬. 论我国高校辅导员制度内容体系的逻辑构建［J］. 学校党建与思想教育，2013（22）：49—51.

求，逐步探索通过辅导员的科学配置以及结构层次和系统培训来提升辅导员整体队伍的专业化水平，推动队伍的职业化建设发展。

（3）辅导员队伍专业化的成熟发展。20 世纪 90 年代，随着高等教育步入大众化阶段，围绕着辅导员队伍建设呈现出机制和制度管理的创新，一系列纲领性、标准性文件的发布，将辅导员职责定位、工作标准、培训发展等内涵做出规范化整理与建构，对提升辅导员队伍水平、切实提升思想政治教育工作育人实效提出了具体要求，极大地推动了高校辅导员队伍建设，对确保人才培养质量起到了积极作用。辅导员队伍呈现出更加专业化、职业化的发展态势。2004 年中共中央、国务院下发的 16 号文件《中共中央国务院关于进一步加强和改进大学生思想政治教育的意见》中明确提出，辅导员是大学生思想政治教育工作队伍的主体，抓好落实专职辅导员的配备比例要求；要建立完善辅导员队伍的激励和保障机制，要实施大学生思想政治教育队伍人才培养工程，选拔培养辅导员骨干继续深造，为其创设良好的政策环境、工作环境和生活环境；要辅导员主动学习探索大学生思想政治教育理论和方法，开展深入细致的思想政治教育工作，提高工作水平。16 号文件体现出大学生思想政治教育工作队伍的极端重要性，对辅导员队伍建设的长效机制进行了宏观调控管理，是新时期规范辅导员队伍建设的纲领性文件。

2006 年教育部制定的《高等学校辅导员队伍建设》（教育部令第 24 号）开宗明义，进一步明确了辅导员"干部"和"教师"的双重身份，明晰了辅导员职业画像，首次将高校辅导员队伍建设纳入国家法律法规体系，很大程度上解决了辅导员队伍在高校的身份认定问题，为辅导员队伍的管理、培养、发展奠定了基础，辅导员进入了崭新的职业化发展时期。各地高校以 24 号令为原则，先后出台了许多相关配套政策，制定了切实可行的实施细则，逐步形成了具有中国特色的高校辅导员队伍政策管理体系，为辅导员队伍的专业化、职业化、专家化打下了坚实的基础。2014 年，为了进一步加强辅导员队伍建设，推动高校辅导员队伍专业化、职业化发展，教育部制定并颁布了《高等学校辅导员职业能力标准（暂行）》，对辅导员的职业名称、职业定义、职业等级、职业能力特征进行了规范和要求，明确了高校辅导员的最新职业定义是高校教师和管理队伍的重要组成部分，明晰了辅导员的考录、晋升、培训、考核、退出和其他专业管理环节，对辅导员岗位职业能力构建了一套结构清晰、逻辑分明的具体规范和要求，对辅导员职业生涯规划提出了明确的路线图，是辅导员职业建设制度化、标准化和科学管理的里程碑。2017 年对 2006 年颁布的《普通高等学校辅导员队伍建设规定》进行了修订。修订之后对辅导员的职业定位、工作职责规定得更加清晰明确，提出要保证辅导员工作有条件、干事有平台、待遇有保障、发展有空间，提出了辅导员思想理论教育和价值引领、党团和班级建设、学风建设、学生日常事务管理、心理健康教育与咨询、网络思想政治教育、校园危机事件应对、职业规划与就业创业指导、理论和实践研究等九大工作职责。教育部第 43 号令不仅将加强高等学校辅导员队伍专业化、职业化建设作为制定辅导员队伍建设规定的目标，而且将推动辅导员队伍专业化、职业化建设作为辅导员发展与培训的重要内容，此外还要求高校制定专门办法和激励保障机制，落实辅导员"双线"晋升，完善专业化培训体系。国家将辅导员纳入专业人才管理和发展培养的范畴，充分彰显出新时代辅导员队伍建设的新气象。教育部推出辅导员职业能力标准，举办"辅导员年度人物"评选活动，以及"辅导员素质能力大赛"等职业活动，以统一要求、量化考评、榜样示范等方式推动辅导员队伍专业化、职业化、专家化进程。辅导员队伍的重要性不断彰显，专业化、职业化方向越来越清晰，系统化、多元化、协同化的发展方式将推动辅导员整体队伍的专业化建设进入新时代。

### （二）辅导员队伍建设的新任务

近年来，国家高度重视思政队伍建设，高校辅导员队伍在规模、结构、职业发展路径和职业素养提升方面都有了明显改善。特别是《普通高等学校辅导员队伍建设规定》（教育部令第 43 号）作为提升辅导员专业化、职业化水平的重要制度设计，把辅导员专业化正式作为辅导员队伍建设的目标，这充分展示出党和国家对辅导员队伍建设的高度重视。

伴随着我国的政治、经济、社会、文化、教育等各方面的变革，职业教育也获得了前所未有的重视和发展。职业教育的类型定位、人才培养模式和管理体制都逐渐明晰。随着大学生群体的演化，大学生在思维模式、学习方式、交往模式、行为模式等方面也凸显出时代性。高校思想政治教育面临的主要矛盾就是学生多样化、个性化的诉求与高校思想政治教育供给不平衡、不充分的矛盾。高职院校学生在生源、知识结构、行为习惯、自我认知等方面与普通本科院校学生有很大的差异，网络改变和影响着他们对世界、对人生、对自我的认知，加之职业教育所涉及的教育活动不仅关注学校、学习、教育层面，还要关注企业、工作和职业，这都使得高职院校的思想政治教育工作面临着巨大的挑战。

新的时代背景下，高校思想政治工作有着更新更高的目标和内涵要求，这就客观上更需要一批掌握先进教育理念、管理方式和科学研究方法的辅导员队伍，从而强化高校思想政治工作的队伍保障。因此，在当前全面加强高校思想政治工作，全面提升人才培养质量的战略机遇期，辅导员队伍的专业化、职业化建设是新时代的历史要求和价值目标，本质就是要求辅导员强化自身职业能力提升，从而适应新时代人才培养能力的全面专业化，提升辅导员对学生思想引领的科学化、个性化和精准度。高职院校辅导员必须在科学厘清其功能定位、职业素养要求的基础上，以立德树人为核心，准确把握辅导员队伍整体与辅导员个体的专业化发展内容与要求，深入探索实现高职院校辅导员专业化发展的科学路径，构建科学系统、全面协同的队伍发展模式，从而实现思想政治工作的高质量、内涵式发展。

# 第二章　高职院校辅导员工作特征

一、高职院校辅导员工作的矛盾对立统一性特征

高职院校辅导员是学生日常教育管理、思想政治教育、安全教育、学风建设、心理疏导、就业指导等与学生成才成长息息相关工作的组织者、实施者和管理者，他们是距离学生最近的群体，是大学生健康成长成才的指导者、引路人和知心朋友，是保证高等职业教育事业持续发展不可或缺的重要力量。高等职业教育的教育性和职业性的特征，使得高职院校辅导员工作特点与普通院校辅导员工作具有一致性，又呈现出一定的独特性。

## （一）抽象性与具体性的统一

辅导员工作目的的抽象性与具体性。辅导员作为高校学生日常思想政治教育和管理工作的组织者、实施者、指导者，其工作目的涉及提高学生思想水平、政治觉悟、道德品质、文化素养，引导学生正确认识世界和中国发展大势、正确认识中国特色和国际比较、正确认识时代责任和历史使命、正确认识远大抱负和脚踏实地，培养学生成为又红又专、德才兼备、全面发展的中国特色社会主义合格建设者和可靠接班人，同时还有许多具体性的事务性工作。一个辅导员要对接学院行政机构，如组织部、宣传部、后勤处、教务处、财务处、学生处、招生就业处、团委、保卫处等，协调和处理其与学生发生关联的事情。辅导员还负责班集体建设和处理班级成员的所有个体性发展问题。辅导员工作正是在处理一个个具体的事务性问题的过程中，最终实现抽象的思想政治教育育人目的。

辅导员工作手段的抽象性与具体性。一方面，辅导员作为大学生成长

成才的人生导师和健康生活的知心朋友，从宏观教育意义上讲，辅导员自身的理想信念、道德情操、文化学识、处事风格甚至一言一行都会对学生产生润物细无声的影响，因而每个辅导员都会结合自身的人格魅力来教育、引导与服务学生，而且这些手段多数是在辅导员自身成长过程和教育实践中积淀和形成的。每个老师都具有独特的育人风格，这种育人范式是独特且不可复制的，其作用机制和效能也不是辅导员能够有意识控制的，因而具有抽象性。另一方面，辅导员工作的很多手段又是具体的，是辅导员在工作具体情景中根据所遇到的实际问题和具体情况而进行有目的的选择的，如奖助学贷评定工作、安全教育工作、日常管理工作等。正是隐性和显性、抽象与具体的工作手段，使辅导员真正发挥出自身在立德树人根本任务中的核心力量。

### （二）系统性与琐碎性的统一

辅导员作为高校思想政治工作队伍中的一支专门力量，是大学生思想政治教育工作的骨干力量和一线教师，承载着对学生开展思想政治教育和价值引领的重要任务。辅导员在全面提升高等职业教育质量中发挥着重要作用。但根据目前大学生存在的精神需求与教育供给、大学生道德理性与网络文化之间的矛盾，高校需要构建协同育人机制，形成协同育人效能。加强和改进大学生思想政治教育工作是一项系统工程，必须把社会各方面的力量动员起来，把社会各方面的资源整合起来，开展多层次、多角度、全方位的育人实践。辅导员与学生的交往涉及学生学习生活的各个阶段和各个阶段。高校其他部门都是由于学生这一教育客体与辅导员发生联系，辅导员要在不同时间和空间上围绕学生成长与其他部门配合与同步，整合各部门的优势，形成互补。对思想政治教育的功能进行明确的定位，打破跨部门、跨领域、跨学科的界限，整合各部门、各育人主体的教育资源，建立起全面、动态、开放的思想政治教育体现，不断扩大思政教育的受众面积，厘清高校意识形态教育的复杂问题，提升思想政治教育协同育人的实践效果，从而实现育人价值的有效提升。同时在空间上也需同步，即在校内课堂、宿舍、公寓、企业实践等各场域形成同步，从整体上优化思想政治教育的功能，在其他育人力量的有效补充下，辅导员要围绕立德树人这一根本任务，运用系统论的方法开展育人工作，充分发挥其价值引领的功能。

此外，辅导员工作又是琐碎的，学院与学生相关的所有事务性工作，指令的最末端执行者都是辅导员。学生丢钱包了找辅导员，学生欠学费了找辅导员，学生生病了找辅导员……在学校，与学生有任何一丝联系的工作都可以与辅导员形成联结，甚至与学生交集不多的后勤处和图书馆的一些随机性的工作也需要安排辅导员来做。辅导员成了学校最忙碌的职业。通常辅导员按照师生比 1∶200 来配置，一个辅导员要面对 200 个学生的工作、生活、情感、人际交往、学习问题等，辅导员除了应对学生，还需要应对学院行政机关、院系安排的工作，还要做好家园联系和校企合作，还要做好网络建设，通过微博、微信、QQ 等形式来开展网络思想政治教育。由此可见辅导员工作之繁杂细碎，需要不断地重复，日积月累的积淀，才能在琐碎中形成系统，不断实现职业专业化。

### （三）长期性与内隐性的统一

辅导员工作从根本上是做人的工作，做人的思想工作，而做思想工作需要以灵魂唤醒灵魂，需要辅导员用自己的人格去感染学生，才能赢得学生的尊重和认可，才能影响到学生，达到改变学生思想、行为的教育目标。《普通高等学校辅导员队伍建设规定》中对辅导员工作职责的界定几乎囊括了学生的显性与隐性、校内与校外、眼前与长远等与学生成长成才有关的全部事项。辅导员是高校"育人"队伍中对学生关爱最多、用情用心最深，与学生接触最多且关系最亲密的人。辅导员要关注每个学生不同阶段、不同时期的思想、心理、身体、安全等各方面的问题，面对的问题可谓复杂且艰巨。辅导员做思想工作与专业教师和行政人员的工作相比，工作业绩很难立刻呈现。学生的成长和发展需要经历很长的时间，而做思想工作是非常内隐性的工作，它不能立竿见影，教育效果也不能立马呈现。思想政治教育工作是需要辅导员不断地投入、不断地内在感化，学生不断地吸收、不断地转化的过程，很多时候辅导员的教育效果是要等到学生走向社会、参加工作以后，辅导员对学生的关爱、教育和帮助的成效才会以不同的形式表现出来。可见，辅导员对学生思想的影响具有"缓显性"和"延迟性"。很多辅导员把自己的工作比喻成种"种子"，他们是在大学期间把真善美的种子种在学生的心间，然后不断地用语言、用行动、用人格去哺育和激发种子的成长，而种子发芽、开花和结果是漫长的过程。

在学校中大量与学生相关的工作都需要辅导员组织和参与，辅导员需要投入大量的时间和精力，但由于辅导员服务的对象具有独立思考和独立行动能力，辅导员不能预测到学生会在什么时间、什么领域出现什么问题，辅导员工作的无边界性和不可预测性都将导致辅导员工作的长期性与效果的内隐性。

## 二、高职教育育人环境的改变对辅导员工作的要求

### （一）网络社会思潮，价值观念的多元化

当前国际政治经济局势正处于大调整、大变化的重要时期，世界范围内各种思想文化交流、交融和交锋更加频繁，社会思潮风起云涌。随着全程媒体、全员媒体、全息媒体、全效媒体的演变，人们的主要社交形态也由传统的现实熟人社会步入虚拟的网络社会。信息无处不在，无人不享。互联网已成为意识形态较量的主战场，已成为其操控舆论的工具。随着中国的崛起，改革开放的深入，西方敌对势力把我国的发展壮大视为对其价值观和制度模式的调整，便通过网络媒介的各种渠道、各种方式对我国进行思想文化的渗透，加快对我国"西化""分化"的步伐。通过文化、思想、价值观对中国进行"和平演变"，采用各种包装手段"兜售"西方国家的意识形态，借助各种文本、数字、图像处理不断输入错误思潮、价值观念，还通过扭曲事实、捏造数据等来丑化中国形象，歪曲中国共产党的领导，试图影响人们的思想行为和价值判断，达到推行他们所谓的"普世价值"的目的。网络舆论不仅仅是社会环境问题，更是争夺党和国家未来接班人的政治问题。由于高校的开放性和特殊性，许多社会思潮在大学校园广泛传播，极大地影响了大学生的价值观念。高职学生已经是"00后"群体，他们有鲜明的群体特征，他们已不再简单满足于被培养、被教育、被期待，具有自己独特的多元诉求和个性期待，呈现出比较强的自主性、选择性和差异性等特点，他们极易成为不良社会思潮传播的突破口。

　　"00后"作为新时代学生群体已逐渐成为高职院校的受教主体和主力军，他们具有鲜明的群体特征。"00后"成长的时代背景相对于"80后""90后"有质性的区别。中国特色社会主义进入新时代，经济发展进入新常态，经济已由高速增长阶段转向高质量发展阶段，社会生产力已进入世界前列，但更加突出的问题是发展不平衡不充分；社会主要矛盾已发生转化，由人民日益增长的物质文化需要同落后的社会生产之间的矛盾转向人民日益增长的美好生活需要和不平衡不充分的发展之间的矛盾。我国的社会物质条件、精神文明条件、政治民主建设、国民素质、国防实习和综合实力都有明显提高，生产力水、人民生活水平实现历史性跨越，我们比历史上任何时期都更接近、更有信心和能力实现中华民族伟大复兴的目标，中国特色社会主义进入新时代。但随着社会主义市场经济的快速发展，大学生享受改革开放带来的红利的同时，也遭受着社会阶层的固化和社会利益格局的改变所带来的种种"阵痛"，折射到高职学生群体引起一部分学生在现代与传统、理想与现实等方面的激烈碰撞，出现价值衡量判断模糊、理想信念淡化、审美情趣低落、功利主义和拜金主义等问题。

　　新媒体技术飞速发展，网络空间已成为"00后"生活学习的新空间，极大地方便了学生的学习、工作和生活，丰富了青年的精神需求。但也应该看到，西方敌对势力正通过网络载体传播各种西方社会思潮，如历史虚无主义、实用主义、消费主义、极端个人主义等，通过对高职学生进行立体式、深入化、全方位的舆论诱导和歪曲宣传，借助社会热点和政治时事混淆视听，影响大学生的价值取向。历史虚无主义通过抹黑历史英雄人物，企图消解执政党的合法性。实用主义通过无限放大自我的个人价值力来消解集体利益，鼓吹"读书无用论"的观点。"00后"成长在非主流思潮盛行的时代，加之网络监管机制不健全、高职院校意识形态建设的重视度不够、思政课吸引力不强，再加上高职学生文化基础差，重技能轻理论，自律意识不强，缺乏判断能力，社会阅历不足，对国情的关注和了解不够，沉溺于虚拟世界，每天都处于"刷屏"的时代，随时随地地从网络获取大量信息，极容易受到不良思潮的影响和蛊惑，在理想与现实、个人价值与社会价值、个人需求与国家需求、物质追求与精神追求、传统生活观念与现代意识等关系方面认知不清、处理不当，从而产生偏激、愤怒和不满的情绪反映。

网络社会思潮多元性、复杂性、流变性及交织性越发明显，已显著削弱了主流意识形态对高职学生的影响力和说服力。主流意识形态在网络舆论场的吸引力和渗透力出现被"空心化""边缘化""污名化"的危险，这将使得高职学生在多元的价值观念中处于迷雾状态，容易出现价值偏差、理想信念缺失、拜金主义和功利主义等问题，难以建立健康的价值观念。在网络空间下，意识形态的斗争将长期存在，对高职院校学生思想教育工作带来了新的课题、新的要求和新的挑战。高职院校辅导员要成为高校社会主义思潮的中坚力量，以社会主义核心价值观体系引领大学生价值观念成长、成才，就必须进行思想政治教育的颠覆式创新，坚持真理、澄清谬误，紧紧围绕学生成长成才的需求来整合思想政治教育话语内容、话语形式，贴近生活、跟上主流，处理好社会主义核心价值体系主导下的高职学生多元价值观念共生发展、和谐发展，在网络环境下反思和重构社会思潮的引导策略。

### （二）高职教育扩招，生源结构的复杂化

2019 年 3 月 5 日，李克强总理在《政府工作报告》中提出"改革完善高职院校考试招生办法，鼓励更多应届高中毕业生和退役军人、下岗职工、农民工等报考，今年大规模扩招 100 万人"[①]。职业教育的扩展是国家应对世界百年未有之变局，深入实施就业优先的战略，加强和改善就业质量的战略决策。职业教育正逐步迈入"黄金时代"，高职院校百万扩招是高等职业教育的一次大规模跨越式发展，使得更多的社会人员有机会接受高等职业教育，满足其提升学历、增加就业竞争力的现实需求。这一举措体现出国家对职业教育这一类型教育的认可和期待，为高职院校带来了全新的发展机遇，但也对高校思想政治教育工作带来新的考验。

百万扩招不仅仅是招生数量和规模的扩张，更造成招收对象生源的多样化和复杂化。其一，普通高中生源。招收应届高中毕业生，学生群体年龄相仿、学习背景相似。但随着高等职业教育的扩招，这一类生源的素质

---

① 政府工作报告：二〇一九年三月五日在第十三届全国人民代表大会第二次会议上 ［N］. 人民日报，2019－03－17 (01).

跨度和差异性也随之增强。其二，中职毕业生生源（含中专、技工学校、职业高中）的毕业生。根据国家教育中长期发展规划提出的"到 2020 年，形成适应经济发展方式转变和产业结构调整要求、体现终身教育理念、中等和高等职业教育协调发展的现代职业教育体系，满足人民群众接受职业教育的需求，满足经济社会对高素质劳动者和技能型人才的需要"，"鼓励毕业生在职继续学习，完善职业学校毕业生直接升学制度，拓宽毕业生继续学习渠道"。高职教育的中职生源将不断扩大，并成为高职教育积极争取的生源类型，中高职之间的衔接会变得更加通畅。其三，社会在职生源。随着高职教育经济社会服务功能的凸显，高职教育将成为"面向人人"的教育类型，承担起终身化教育的职能，其面向社会在职人员、待业人员、退役军人、进城务工人员、下岗人员等开展的"回炉"教育将不断扩大，一线在职在岗人员的学历教育和培训及再就业人员的岗前培训将成为高职教育的重要服务范围。这意味着高职教育打破了学校生源的局限，实现了应届生源与社会生源并举的生源之变，使得校园和社会的紧密对接、生源的相对同质化不复存在，学生的生源结构频谱更多元化。扩招后的生源年龄级差大、教育经历不同、学历基础不同，再加上生活阅历、个性特征等的差异，使得生源结构整体上呈现出前所未有的多样化，学生成长诉求的差异性也逐渐加大。高职院校的学生管理如何应对？高职院校需要准确把握扩招引发的职业教育大变局，考虑教育对象从面向应届生源、学习年限固定、从校门到校门的单一教育主体到面向应届和社会生源并重、学习年限灵活的多样化教育主体，这就要求学生教育工作者建立差异化、分众化的思想政治教育模式，对普招高考学生、单独招生学生、中高衔接生、社会在职等不同生源群体的思想动态、心理变化、真实需求进行充分认识和掌握，科学划分不同受众的需求和特征，实现思想政治教育的精准供给，开展有针对性的思想政治教育。

### （三）办学的开放性，育人主体的多样化

2019 年国务院印发的《国家职业教育改革实施方案》中指出：职业教育由政府举办为主向政府统筹管理、社会多元办学的格局转变。政府职能将由"办职业教育"向"管理与服务"过渡。高职教育人才培养目标提升

为满足产业结构转型升级和区域经济社会发展需要的高素质技术技能型人才。① 随着高职教育经济功能、社会功能和人才培养目标的进一步明确，要求职业教育由囿于围城的封闭建制向社会的开放建制转变，实现封闭走向开放。职业教育办学的开放性，使得思想政治工作中注入了越来越多的育人力量，思想政治工作呈现出多主体性的特征。

随着我国高等教育逐渐向普及化阶段迈进，急剧扩大的职业教育规模打破了原有学生管理的运转格局，"学分制""线上线下活动并行""校企2＋1模式""就业双向选择"，多样的学制组合，以就业为导向、以学生为主体的教育观点滋长了部分学生"服务索求"与"求职消费"的心理取向。在"工学结合"人才培养模式下，学生的学习生活有了更多的活动形式和更广泛的活动空间，学生除了常规的课堂学习与课外生活方式外，还需要相对集中的定岗实习和分段分模块的"工学交替"，学生的课内、课外学习和校内、校外生活穿插、交织，使得学生与社会的接触程度加大。而且伴随着学生学习环境、学习内容、教学模式、管理方式与普通学校教育的差异化，高校需要不断转化教育管理理念和管理模式，改变思想政治教育内容和关注点、侧重点，帮助学生尽快适应"工学结合""校企合作"的育人模式。学生工作内容日趋多样而呈现不断派生的现象和趋势，使得思想政治教育内容不断丰富，教育主体不断多样化。思想政治教育内容涵括了世界观教育、政治观教育、人生观教育、道德观教育、法治观教育、职业观等方面以及价值论、过程论、机制论、生态论、范畴论和发展论等内容。可见，进入新的时代思想政治教育内容的动态化和时代性要求，导致思想政治工作范畴不断延伸，工作内容不断丰富，职能定位不断完善。思想政治教育主体涵括了教师、辅导员、班主任、企业指导教师、社会服务机构等多元主体。因此，高职院校学生在思想政治教育中要将社会主义核心价值观教育贯穿技术技能人才培养全过程，凝聚各育人主体的价值共识，协调各育人主体的育人方向，发挥好各育人主体的责任，营造同心、同向、同行的"三全育人"氛围，形成协同育人的强大合力。

---

① 国务院. 国务院关于印发国家职业教育改革实施方案的通知. http：//www. gov. cn/zhengce/content/2019－02/13/content＿5365341. htm

## 三、高职院校辅导员工作模式的转变

### （一）工作理念从"管理型"到"服务型"转变

教师的工作是灵魂塑造灵魂的工程，是生命与生命的互动。高职院校辅导员作为教师群体中的一分子，在对学生开展思想政治教育工作时，也是灵魂唤醒灵魂、生命与生命互动、人格与人格相互影响的过程。但在传统意义上，师生关系延续着"师道尊严"的传统，老师和学生处于不平等的人际关系中。教师在学识、年龄和身份方面的优势，使得他们在师生关系中仍以自己为绝对中心，处于绝对权威，占有着话语权，总是老师来讲，学生来听，单方面的预设学生的情感与需求。老师处于管理者的身份，学生是被管理者，是接受"改造"的沉默客体。教育管理过程中存在着强制灌输性和控制的做法。随着市场经济的变革，学校制度也发生了改变。学生交学费上学，某种意义上学生成为了消费群体，变成了教育消费者。教师演变为服务群体。这种改变消解着传统意义的师生关系和教育理念。随着互联网的发展，以博客、微信、微博等为主的新型大众自媒体，营造出信息、思想、价值的多元化，具有消解传统叙事的政治中心和权威崇拜的特征。互联网的"无边界"、"去中心"和"泛话语权"等特性，唤醒了学生独立自我的话语表达权利和寻求平等尊重的互动式的深度沟通需求，①使得学生从压制语境中的"有所顾忌"向"畅所欲言"的自由语境转变。因此，辅导员在开展思想政治教育中要遵循互联网的依存法则，改变育人理念。

#### 1. 转变育人观念

高职院校辅导员在思想政治教育场域中以什么样态呈现决定了思想政治教育的归属。传统思想政治体系中，辅导员把思想政治教育过程看成是"授—受"过程，学生在思想政治教育中经常处于"缺场"的状态，这势必造成学生内心的抵触与逆反，疏离辅导员与学生的关系。面对扩招后高职

---

① 舒忠. 去行政化、去中心化和去虚拟化：网络时代的学生管理变革［J］. 教育理论与实践，2017（26）：13—15.

的生源结构的复杂性，如果辅导员还沿用这种单极主体的教育理念面对思想观念相对定型、在校时间相对短缺的社招生源，将难以走近学生，更无法真正把握受众的真实心理诉求，教育的供需关系将逐渐失衡。因此，在高职教育扩招背景下，辅导员必须改变育人理念，从"以工作为中心"向"一切以学生为中心"转变，必须把学生看成是一个独立完整且自身具备发展潜力和创新精神的人，帮助学生感受生命的价值和意义，形成生存的品质、提高核心竞争力，帮助学生实现自我超越与个性的全面发展。这就需要辅导员放弃居高临下的"权威"的行政命令式的训导灌输，而是要充分尊重学生的主体地位，树立为学生的全面、个性和可持续发展服务的理念，以服务者与朋辈者的身份给学生提供思想教育和价值引领，帮助学生开发潜力，实现理想，真正成为学生成长路上的陪伴者和引领人。这样才能真正发挥出辅导员思想政治教育的育人使命。

2. 建构主体间性师生关系

主体间性的师生关系是承认教师和学生是一种平等的、交互式的"我—你"的关系。教育者和受教育者都是主体，他们之间是一种主体间性的关系。主体间性的师生关系消除了过分权威的力量，使得师生关系不再是主客两分、主客对立的关系模式，而是将教师和学生双方定位为平等参与教育活动的共在主体，双方以更加平等、尊重的姿态，真正构建起师生和谐共生的交互关系与对话交往模式。在平等的交往互动中，强化了主体间的尊重，能够激发起学生表达真实诉求的意识和内生动力。辅导员在开展思想政治教育工作中，也要运用好"主体间性"的对话模式，从而能够了解清楚高职扩展后不同群体的心理特点、行为模式、真实需求，实现思想政治教育内容意义的相互理解和接受，从而在良性互动中更好地服务学生健康成长。首先，辅导员与学生"主体间性"关系体现在平等对话上，辅导员无论面对何种生源的教育对象，都要从内心去尊重学生，不能把学生区别对待，更不能以"居高临下"的态度去管理学生，而是要认真倾听、捕捉信息，进而把握不同群体的真实需求。其次，对话是在尊重、包容的基础上，对不同生源的学生保持开放式的理解。由于不同生源群体有不同的学习立场、学习能力以及情感立场和价值诉求，辅导员不能用一成不变的统一眼光去看待、要求和评价学生，而是要主动识别和了解学生思想观念的变化，并给予综合评价。最后，"对话"应该是个性化的。辅导员在与学生交流的过程中，要充分考虑学生的年龄、教育程度、社会阅历、生活经历的不同，寻找适合的话语风格，以真正听到实话、察到实情、获得真知、收到实效。

**（二）沟通模式从"单一"到"多样"转变**

互联网的触角已延伸到世界每一个角落，改变着社会成员的生存方式、思维方式、价值观念、审美情趣和话语方式。作为高职学生，他们是"数字化生存"的最早体验者，拥有不断增强的主体意识和主观能动性，他们已习惯于通过网络了解世界、表达自我和体现个人价值，互联网已然成为他们最重要的沟通工具和典型特征。互联网的发展为辅导员开展思想政治教育提供了新途径、新方式和新要求。

1. 辅导员思想政治教育话语的新困境

新媒体时代为辅导员开展思想政治教育提供了新的话语场域和话语方式，但社会主要矛盾的转化、新媒体所呈现出的开放多元的话语语境，也使得辅导员思想政治教育话语面临着诸多挑战。

（1）新媒体的交互体验性对辅导员话语主体的挑战。在辅导员日常思想政治教育话语语境中，辅导员总是占据主导地位且享有一定的话语权威，话语垄断现象严重。在话语输出中，由于辅导员对互联网时代大学生的认知方式、接受特点、内在真实需求、接受程度缺乏细致考量，照搬思想政治教育的老方法，只是一味输出，脱离了学生生活实际，这必然导致思想政治教育话语没有生气，影响思想政治教育话语作用的发挥。互联网的实时交互性，承认网络中每个参与者都是主体，每个人都有自由表达和平等对话的权利。这一特性势必改变着传统教育中教育者的话语主体地位和角色定位。[①] 这就要求辅导员在运用思想政治教育话语中提升"以人为本"的价值理念，遵循互联网的依存法则，创设教育情境，让学生在情境的浸染和多元价值的平衡中，转化自身的角色，从旁观者变成知识的参与者、制

---

① 掌海啸. 自媒体语境下高校思想政治教育话语权建设策略［J］. 学校党建与思想教育，2020（8）：77－79.

造者和传播者，从而产生情感共鸣，实现自身对知识的理解。

（2）新媒体的隐蔽渗透性对辅导员话语内容的挑战。作为离学生最近，对学生状态最了解的辅导员，在现实思想政治教育工作中他们常常是凭借自身的政治权利，按照预先设定的思想政治教育目标和内容，运用相应的教育方式以面对面的方式进行。而且由于辅导员身份的多重性、工作的复杂性，在应对多样化的事务性工作和学生教育工作时，在工作优先度上往往把时限性上刚性和质量上外显性的事务性工作优先于教育性工作，这就造成辅导员在与学生的话语沟通中更多的围绕着事务性工作展开，即使开展思想政治教育也必然是来源于政治领域和历史领域，缺少对学生现实生活微观世界的解释和关注，这将导致话语政治性色彩浓厚，话语单一保守而枯燥乏味。当代大学生成长于改革开放的时代浪潮中，自我意识强，视野开阔但价值观尚未定型，对社会现实中存在的不良风气缺乏全面科学的分析判断能力，当他们接受辅导员强制灌输的马克思主义理论与现实之间存在反差时，他们就会对辅导员宣讲的思想政治教育产生内在的抗拒和反感。当不良的政治意识和极端思潮通过网络"糖衣炮弹"的美饰潜移默化的误导学生时，学生会不自觉地被隐逆性话语深刻影响，甚至成为西方意识形态的"代言人"。这就需要辅导员层层梳理、抽丝剥茧，通过教育实践活动将主流社会价值和思想政治观念辐射、影响新时代的大学生群体。

（3）新媒体的多元共享性对辅导员话语能力的挑战。新媒体时代，多种信息资源呈现出"百花齐放"的态势，满足了青年大学生多元化的话语需求。大众传媒带来丰富信息和便捷沟通方式的同时，也成为西方价值观、意识形态渗透争夺的重要场域。高校思想政治教育话语面临着话语挤压、核心价值弱化和话语权被消解的困境。如何在网络话语中对西方社会思潮和意识形态进行批判，做强主流舆论，维护社会主义意识形态安全，成为新时代辅导员开展思想政治教育的新课题。为了应对社会现实中内生与外引的社会思潮，高校辅导员必须掌握思想政治教育话语的主动权和主导权，深刻理解思想政治教育话语的核心内容，在运用思想政治教育话语表达内容的同时对新时代思想政治教育面临的新老问题进行有力回击，帮助学生构建起以马克思主义思想为基础、以社会主义核心价值观为主流意识形态的思想政治教育话语体系。

2. 辅导员思想政治教育话语转化

随着互联网席卷学生生活的方方面面，作为思政工作主导力量的辅导员必须紧扣网络时代脉搏，通过走进学生、接触学生、了解学生，立足学生的现实生活世界，在近距离接触中找到学生对于思想政治教育内容的真实诉求和期待，找到学生成长发展与社会主义核心价值观的契合点，按照生活化、人文化、时代化的原则，构建起立体、动态、多样的沟通模式。

（1）独享话语向共享话语转变。辅导员在日常工作中常用自上而下的材料转述、独白式、规范约束的工具属性式的话语，在这种话语范式中辅导员是话语行为的发出者，处于话语的中心地位，而学生是话语行为的接受者，处于"失语"的被动地位。新媒体时代，人人都成为网络的平等参与者。这就要求辅导员充分重视学生话语的主体性，详细考察他们的价值取向、研究高职话语的偏好和需求特点，从单向灌输向双向对话，从控制话语向互动话语，从独享话语向共享话语进行转变。通过创设包容开放的教育心理环境，缩小辅导员与学生之间的认知差异，让学生在接纳开放的环境中去体悟辅导员的教育初衷。在求同存异中把教师的道德示范与学生的情感共鸣结合起来，从而使得辅导员思想政治教育的话语内容能够让学生入耳、入脑、入心，从而实现言语对话与心灵对话的提升。

思想政治教育话语从属于教育话语。它具备教育话语的一般特征，承担传播教育内容、实现教育目标的责任。但思想政治教育内容、教育形式和教育载体以及受教育者诉求的多样性和多元化，决定了思想政治教育话语不再只局限于传统的政治话语、文件话语、口号话语和权利话语等官方文本话语。新时代，辅导员需要不断地跟随时代的脉络、关注个体的现实生活和利益需求，改变以往灌输性原则，更加注重教育过程中教育者与被教育者之间的平等对话，形成民主开放的对话模式。在保持正确的政治方向和意识形态中心方向不变的前提下，将正确的价值观、马克思主义意识形态与学生的现实生活关联，注意尊重差异、点面结合，做到体验性、参与性、针对性和目的性相结合，在满足不同学生群体的文化诉求的基础上，构建起与学生同向同行的文化和时空语境的思想政治教育话语内容，使学生对思想政治教育话语内容真正做到接受并认同。

（2）文本话语向生活话语转变。思想政治教育话语从属于教育话语，它具备教育话语的一般特征，承担着传播教育内容、实现教育目标的责任。思想政治教育内容、教育形式和载体以及受教育者诉求的多元化，决定了思想政治教育话语不能只局限于传统的政治话语、文件话语、口号话语和权利话语等官方文本话语。教育者需要跟随时代脉络、关注个体的现实生活和利益需求。在保持正确的政治方向和意识形态中心方向不变的前提下，将马克思主义意识形态与学生的现实生活关联，将党的思想政治宣传话语转化为学生喜闻乐见且普遍认知的青年式的话语。尊重差异，做到体验性、参与性、针对性和目的性的结合，在满足不同学生群体文化诉求的基础上，构建起与学生同向同行的思想政治教育话语内容。

辅导员开展思想政治教育活动必须紧紧地"围绕学生、关照学生、服务学生"，坚持"生活第一性"原则。辅导员需要围绕学生的生活，加强话语理论研究，增强话语表达艺术，提升自己二次话语的转化和阐释能力，全面了解新时代学生的思想、价值观、性格和行为特征，了解学生关注的热点事件、焦点问题及普遍感兴趣的话题，把贯穿于中华民族发展的深切文化底蕴和民族精神与学生的日常生活融为一体，建构起既有主流价值的思想引领又有热点事件的追踪评析，既有"大英雄"的英勇事迹又有"小人物"的温情故事的"接地气"的思想政治教育话语内容。同时，辅导员要立足于对学生现实生活世界的关怀，善于从学生具体感性的日常现实生活中去寻找思想政治教育话语的素材，在日常关怀式的话语交流中借鉴和吸纳学生正向积极的话语内容、话语符号和话语风格，要用大学生熟悉的话语表达方式和熟知的网络交流互动形式与其建立起情感联络。只有这样，高校辅导员才能把其在学生现实生活中形成的话语权威过渡到网络思想政治教育中，从而在网络中掌控教育主导权。辅导员在话语系统上吸收和借鉴大众流行文化，将严肃的政治话语体系转换为生动活泼、平实质朴和简洁扁平且与学生生活世界紧密相连的话语体系，从而使得辅导员的教育既有理论高度和深度，又有历史广度和生活维度，使得思想政治教育实实在在地紧贴学生生活目标，充满学生生活气息，满足学生内在的精神和价值诉求。① 在话语风格上，运用集政治性、

---

① 杨震，王朱丹. 新时代高校辅导员思想政治教育话语水平策略探析 [J]. 高校辅导员，2020 (12)：68－70.

时代性、大众化、严谨性为一体的话语表达方式，使思想政治教育更注重对学生生存与发展的深度关怀，在最广的维度增强学生对思想政治教育内容的接受和认同度。

### （三）工作方式从"多头主导"到"合力协作"转变

习近平总书记在党的十九大报告中面向全世界发出了"构建人类命运共同体"的伟大号召。"人类命运共同体"彰显出一种全新的发展理念。未来社会将是一个高度分工协作的社会，思想政治教育工作也是需要全员参与、共同协力的工作。未来社会各种思潮和矛盾呈现出多元化、多样性和多变性的特点，自媒体的迅速发展，也给社会思想文化领域带来比较大的冲击。随着高职的扩招，越来越复杂的生源结构也对高职院校思想政治工作提出了新任务、新课题。培养高素质技术技能型人才目标的实现不仅仅是学校和家庭的事，更需要全社会发挥合力，用一定的思想观念、道德规范对发展中的高职学生施加有目的、有计划、有组织的影响，使其成为符合国家、社会、企业需要的人才。如通过建立多方互动融合机制、社会资源共享机制、调控激励机制及监督保障机制等，以搭建起全社会共同参与的全方位、立体化的立德树人体系，协同合作，让更多的育人主体参与到人才培养实践中，共同应对新时代高职院校思想政治工作的新挑战。

长期以来，辅导员作为高校思想政治教育工作队伍的主体之一，他们一直处于育人工作的最前沿，思想政治教育骨干力量的身份毋庸置疑。"三全育人"体系的落脚点是"育人"，旨在整合多方育人资源，形成育人共识，形成育人合力，将落实立德树人根本任务，培育德智体美劳全面发展的社会主义建设者和接班人作为教育归属。但目前高校协同育人机制尚未构建，各育人主体之间还是各行其是，处于"形连而神未连"的状态。高校辅导员处于院系双重管理的模式，校内只要与学生相关的事务都需要辅导员来协助配合。职业边界的模糊性，使得辅导员"干事有平台、工作有条件、待遇有保障"的条件无法落实。辅导员作为独立承担全程、全方位育人的重要主体，处于全员育人体系中协同者的重要位置，需要同其他育人主体的工作形成"同频共振"，构建思想政治教育的"命运共同体"，在聚合、协作中共同应对更加多元、多变的育人环境和学生多样化的成长诉求。

辅导员的合力协作育人模式，并不是简单的特殊利益小团体，简单将各方工作、各方力量叠加，而是在合力育人中找寻到契合度和融合点，挖掘出各育人主体的优势，通过任务驱动和项目驱动等形式，使得各方育人主体能够相互协助，相互借力，共同促进学生的成长。辅导员要拓展工作格局，不断强化育人共识，凝聚不同育人力量，共同做好思想政治工作。

1. 转变观念，强化合力育人意识与育人共识

辅导员要深刻认识到"三全育人"理念的深刻内涵，将新时代对思想政治教育提出的新要求、赋予的新内涵转化为育人工作的思想纲领和行动指南，转变育人理念，主动承担多元主体协同育人的驱动者，积极构建起高校"大思政"育人格局，凝聚各种不同育人主体的力量，通过团队合作，挖掘资源、整合优势，创新合力育人的工作方式，找到职业发展的价值感和归属感，充分发挥辅导员指挥官和驱动器的作用。学会借力、助力、凝力，吸纳更多的育人主体形成"育人共同体"，共同做好大学生的思想政治教育工作。

2. 调动各方力量，共同构建全员共育机制

政府、学校、社会各部门、企业都是立德树人的多元主体，辅导员要努力搭建立德树人的大课堂，整合优化育人资源，做课内课外、校内校外、线上线下有机融合的主导者。辅导员要进企业、进课堂、进实训室、进宿舍，与企业人员、专业教师、思想政治理论课教师加强沟通和交流，充分发挥课程、实践、管理、服务的育人功能，做好学生和企业教师、思想政治理论课教师、专业课教师、学校行政部门、家庭等的中间人。辅导员要充分利用图书馆、青年宫、科技馆、红色文化基地、企业等各类育人资源，而且要通过家校合作、校企合作，多渠道、多层面挖掘、统筹、整合这些育人资源，进而促进家庭、学校和社会多方育人合力推动育人队伍一体化。

3. 师生协同，促进共同成长

辅导员是学生成长成才的人生导师和健康生活的知心朋友。辅导员在工作中应当树立"以生为本"的理念。所有工作的出发点和落脚点都应落实到学生身上，这是辅导员事业的基本定位和价值指向。辅导员要努力与学生构建思想共同体、学习共同体、生活共同体、荣辱共同体和情感共同体。师生协同就是要求辅导员要充分发挥知心朋友的优势，走近学生、了

解学生，挖掘学生教育资源，激发学生主动意识和首创精神，培植思想政治教育新的生长点，发挥出学生自我教育、自我管理、自我服务的能力，激发青年的主体意识，提高青年的主体能力。任何事物的发展都是内外因素共同作用的结果，青年的成长成才需要辅导员自身的成长发展，更需要学生发展内部的动力。辅导员与学生一起自我学习、自我成长、自我超越，为成长发展奠定良好的基础，不断增强工作的吸引力，打造师生命运共同体，与学生同甘共苦、同源共进。

**（四）职业发展由"经验型"向"专家型"转变**

黄炎培先生将职业教育的终极目标确定为："使无业者有业，使有业者乐业。"这是对职业教育关乎人的生存，关乎人自身的完善、超越和自我实现的价值体现。高职院校辅导的职业发展应站在认真领悟高职教育职业属性、办学理念、人才培养目标的基础上，在分析高职院校学生心理特点、成长成才发展规律的基础上进行重新定位。

高职院校的正常运转，需要各类管理系统的协调配合和良性运行，学生事务管理和思想政治教育工作的成效体现出一所高校立德树人的水平。经过多年的发展，我国大部分高校都已经建立起比较完善的就业指导与职业发展体系、创业指导与发展体系、困难资助与政策支持体系、党团建设与活动指导体系、学生教育与管理体系等。职业的细分要求辅导员成为开展思想政治教育和学生日常事务管理的专业化、专家化队伍，提升高校思想政治教育的能力和水平。如果辅导员的工作长期停留在经验发展阶段，不积极推动其专业化、职业化、专家化进程，那么辅导员的职业生命就会萎缩，甚至被其他职业所代替。

1. 从"操作型"向"反思型"转变

所谓"操作型"，就是凭借自己在工作实践中积累的有限经验进行简单重复实践活动的辅导员工作方式。目前，高职院校更关注的是教学水平、科研水平、荣誉奖项、学生的就业情况等，因为这些因素在高校排行榜中占据重要分值。辅导员作为高校教师和管理队伍的一分子，还未引起足够重视。高校不同行政部门对辅导员角色的认知五花八门，有的人认为辅导员就是班主任，有的人认为辅导员属于教学辅助人员，大家对辅导员的认知还存在偏差，没有上升到与专业教师和科研人员同等的地位。社会认同的偏差为辅导员走专业化、专家化成长路径设置了障碍，还有目前高职院校辅导员的选聘标准不高、培训发展机制缺位、考核评价体系的不完善等因素，这都不利于辅导员群体的专业化、可持续发展。在辅导员个体层面，由于存在角色认知、角色矛盾、角色冲突等问题，在应对班级管理、评优评先、学生资助、党员发展、社团活动、危机等日常事务工作时，总是依靠长期积累起来的经验，而这些经验确实能应付日常事务，应对日常工作。这使得辅导员扮演起"经验型"辅导员的角色，限制了其专业化水平。一是任务性。辅导员的工作在思想上只是简单认为完成学工部、院系交代的事务工作，工作重心就是完成领导交付的工作任务，严格按照文件、指示和要求去做，亦步亦趋，忽视学生主体的需求和感受，工作缺乏主动性、思想性和探索性。二是习惯性。辅导员开展思想政治教育工作要因事而化、因时而进、因势而新，学生每一个都是独特的个体，不同的家庭、不同的经历、不同的思维模式、不同的问题困惑，每个学生在不同的发展阶段，需要辅导员用不同的教育模式去解决学生不同的心理、思维和行为困惑。但经验型辅导员，工作中不是遵循思想政治工作规律、遵循教书育人规律、遵循学生成长规律，而是依据自身工作的经验，旧的问题靠经验，新的问题依然靠经验，习惯于工作中按部就班，习惯于依赖旧模式、旧办法，对工作中遇到的机遇和问题视而不见，陷入自己设定的思维的牢笼中，不变通，不创新。事物在不断变化，若一味套用老办法、旧经验，辅导员的教育效果会适得其反。三是随意性。经验型辅导员在对工作定位模糊，没有长期的职业发展规划，工作缺乏动力，在对待工作中以保住安全底线为原则，只要不出大事就万事大吉，至于工作干得好坏，如何提升工作效能从不思考，工作中只是得过且过，干一天是一天。辅导员如果一直依靠知识和经验惯性完成工作，就会使得工作程式化，没有技术含量。面对高职教育的变革与发展、教育对象的多元个性和多元需求，辅导员的"操作型"工作方式已经呈现出很多不适症状，如管理机械化，特别是在工学交替中的管理，使得辅导员的教育活动低效。

辅导员制度经过多年的发展，涌现出许多优秀的辅导员年度人物、辅导员精品项目和学生工作品牌，为辅导员的发展提供了借鉴和参考的发展模式。但经验型辅导员在发展过程中存在"路径依赖"，照搬别人的做法和先进经验，典型的跟风式的"拿来主义"，结果照搬过来的东西不适合学生、不适合学校。长此以往，"经验型"辅导员容易画地为牢，陷入辅导员工作只是学生日常事务管理工作的桎梏，忽视思想政治工作的创新性，甚至遗忘自身的职能职责。

进入新时代，高等职业教育出现了许多新情况、新要求和新问题，这些都对高校思想政治教育工作提出了新的挑战和新的课题。比如，互联网背景下教育方式内容和学生思维结构的新变化，"知识爆炸"背景下科学技术更迭的加速化，开放背景下多元文化和社会思潮交叉影响的多样化和隐匿化，新时代网络背景下学生诉求的个性化，贫富差异背景下学生资助工作的复杂化，学分制条件下学生培养的人文化，就业政策"双向选择"背景下学生就业工作的市场化等问题都需要辅导员去面对、去研究、去解决，这些问题的解决需要具备很强的专业性和政策性的知识，具有宽领域的知识背景和工作技能，单纯依靠经验主义的教育管理模式已不能适应新时代的新要求了。因此，高职院校辅导员要走"反思型"职业发展道路。

所谓"反思型"，就是辅导员要在学生工作的教育实践活动中不断反思，不断寻求更新更好的教育方式，逐步改进工作流程和手段，提高思想政治教育的实效性和针对性。对于专业人员来说，最难的问题不是应用新的理论知识，而是在经验中学习。理论性的知识对于专业的工作岗位是基础，但仅有理论知识是远远不够的。因此，辅导员要走专业化发展路径，必须培养从经验中学习和对自己的工作实践加以思考、更新的能力。这种工作方式所遵循的职业理念是服务学生全面发展，即为学生的全面、个性、可持续发展提供有效的服务和保障。高职院校辅导员根据培养目标的要求，教育对象不同阶段、不同层面、不同的成长诉求，职业教育改革的需要，以及职业教育外围环境的变化，结合思想政治教育、教育学、心理学、社会学等调整教育思路，设计教育活动，及时反思教育实践，并在反思中不断地调整、总结、提升，从而改善育人效果。

2. 从"平面型"向"纵深型"转变

《普通高等学校辅导员队伍建设规定》（教育部令第 43 号）中明确了辅导员工作的九大职责，辅导员要承担思想政治教育、心理健康教育、职业生涯规划教育、学习及生活管理、班级建设等多重职能。这样辅导员的工作就呈现出"平面型"特点，即辅导员的成长方式为全面发展，样样精通，成为所谓的"杂家"。《高等学校辅导员职业能力标准（暂行）》规定了辅导员职业能力范围"初、中、高"三个等级能力要求，辅导员可以在某一领域深入研究成为具备影响力的领域专家。高职辅导员队伍可以走"纵深型"专业分工的道路。辅导员需要随着时代发展和教育改革的深化发展，做到与时俱进，及时更新教育理论、教育内容、教育方法，实现专业化、专家化的转变，以创新来适应快速发展的新时代要求。如何实现这种转变，需要从以下三方面着手：首先是辅导员个人角色机制的建设，辅导员要认清自身职业的价值和内涵。辅导员不仅是"学生成长成才的指导者、活动组织的协调者、心理健康的守护者和人身安全的保障者"，而且还必须是"教育科研的承担者"，实现由"实践型"角色向"实践—研究型"角色的转变。只有辅导员重视自身角色的价值，才能转变教育理念，以学生的成长作为自己职业成长的目标，才能在工作中保持主观能动性，有反思、有借鉴、有判断、有批判、有创新、有方法的开展工作，在工作实践中不断积累，从而实现由量变到质变的转化，体现出辅导员职业的专业性特征，从而获得高校其他群体对辅导员职业专业角色的认可。其次，辅导员要做好自身的职业规划，在职业发展的每一个阶段为自己设立相应的职业发展目标。辅导员可以根据自己的职业兴趣、职业能力、个体性格，为自己选择专业成长方向。如果辅导员能够很好地与学生沟通交流，且对制度性、规范性文件了然于胸，而且在学生和班级管理、危机事件应急处理等事务性工作中形成自身稳定的管理风格，则可以选择走"管理型"辅导员专家的职业发展路径。如果辅导员思维活跃，拥有很强的分析、反思、研究能力，热衷于从大量事务性工作中挖掘理论根源且喜欢把工作凝练成学术成果，则可以选择走"研究型"辅导员专家的路径。如果辅导员乐观主动、乐于助人、情感充沛，且喜欢在与学生接触中帮助学生解决各种现实心理和行为困惑，则可以选择走"助人型"辅导员专家的路径。但无论选择哪一种专业成长方向，辅导员都要把思想政治教育作为首要功能，全体辅导员要在发挥思想政治教育功能的基础上寻找自己的专业发展方向。最后，建立完备的辅导员激励机制，通过运用规范化的多种激励手段促进辅导员专家化的实现。要发挥学工带头人的育人引领作用，利用好诸如"辅导员职业能力大赛""全国优秀辅导员年度人物评选表彰""辅导员工作精品项目"等活动，通过选树典型、优秀群体示范来引领职业价值导向，为广大辅导员树立育人榜样，带动高校其他辅导员向优秀辅导员看齐，激发辅导员学习的内生力量，使广大辅导员具备从业、敬业、乐业的能力，吸引更多优秀的人加入辅导员队伍，并将成为一名专家型辅导员作为事业追求而奋斗一生。

# 第三章 高职院校辅导员职业核心素养结构模型

进入 21 世纪，伴随着现代化进程的不断加快，知识经济的迅猛发展，社会高速发展进入信息社会。特别是在当前国际产业分工格局正在重塑的大背景下，新一轮科技革命和产业变革的加速演进，与我国加快转变经济发展方式形成历史性交汇，我国经济发展已经进入新常态，加快构建新发展格局已成为关系我国发展全局的重大战略任务。在这样的新形势下，高等教育规模和结构等格局的改变，职业教育作为促进经济社会发展和提高国家竞争力的重要支撑，人才培养的目标和任务面临着全新的机遇与挑战。

"职业教育始终位于人类教育的切入口。"在 2014 年《国务院关于加快发展现代职业教育的决定》中明确要求："职业教育要为我国走新兴工业化道路、调整经济结构和转变增长方式服务。实施国家技能型人才培养培训工程，加快生产、服务一线急需的技能型人才的培养，特别是现代制造业、现代服务业紧缺的高素质、高技能专门人才的培养。"职业教育作为一种类型教育，是国民教育体系和人力资源开发的重要组成部分，是广大青年打开通往成功成才大门的重要途径，肩负着培养多样化人才、传承技术技能、促进就业创业的重要职责。高等职业教育作为职业教育发展的高等阶段，是工业化、现代化和生产社会化的重要支柱，担负着为我国实施人才强国战略、就业优先战略和创新驱动战略培养更多高素质技术技能人才、能工巧匠、大国工匠的重任，其存在和发展决定着整个职业教育发展的水平与进程。

"培养什么样的人"是职业教育的根本出发点。著名职业教育家黄炎培曾经指出："职业教育，以教育为方法而以职业为目的者也。施教育者对于职业，应有极端的联络；受教育者对于职业，应有极端的信仰。""职业教育目的：一、谋个性之发展；二、为个人谋生之准备；三、为个人服务社会之准备；四、为国家及世界增进生产力之准备。"由此可见，职业教育产生和存在的根本目的是为使人的职业生命能获得充分的发展。2019 年 6 月，教育部《关于职业院校专业人才培养方案制订与实施工作的指导意见》提出了职业教育要"强化学生职业素养养成和专业技术积累"的基本原则。进入新时代，职业教育面临着"新质量观"的现实挑战，高职院校需要聚焦学生职业核心素养目标和要求的具体化、精细化，强调知识、能力、态度、价值观等综合素质，着力提高人才供给的质量和能力。因此，建立高职学生职业核心素养标准，已成为高职院校促进学生职业素养提升和职业可持续发展的必然要求。

随着技术革命带来的工作组织形态和技能要求的变化，高职院校人才培养尤其是学生能力培养方面，需要和社会有更多的融合与协同，需要更加注重根据社会的需求来培养学生的能力。但现实情况是当前高职教育更关注技术的工具理性，将高职教育弱化为培养人的职业技能为主要目的的活动，使得高职教育偏离了育人的"价值理性"，导致企业"用工荒"与高职应届毕业生"就业难"的结构性矛盾。大处来讲是高职教育之于教育功能和价值的偏离，小处来看还是高职院校人才培养目标定位的问题。由此可见，职业院校必须明晰并遵循工作实际中的高素质技术技能型人才的素质和能力要求来开展教育教学活动，即必须厘清企业究竟需要什么样的高素质技术技能型人才，高素质技术技能型人才应该具备哪些职业能力和职业核心素养。

2018 年 1 月 20 日，中共中央、国务院印发《关于全面深化新时代教师队伍建设改革的意见》（以下简称《意见》）指出，"面对新方位、新征程、新使命，教师队伍建设还不能完全适应"。[①]《意见》强调了目前我国教师队伍的素质和能力还难以适应新时代人才培养的要求。辅导员是新时代高校教师队伍的重要组成部分，是开展大学生思想政治教育的工作骨干，是学生成长成才的人生导师和健康生活的知心朋友，更是高校落实立德树人根本任务，培养新时代大国工匠、能工巧匠的重要力量。教育者先受教育，

---

① 中共中央国务院关于全面深化新时代教师队伍建设改革的意见（2018 年 1 月 20 日）[N].
人民日报，2018－02－01 (1).

新时代加强高职院校辅导员队伍建设，提升高职院校辅导员整体队伍职业素养，对于提升高等职业教育质量、加强师德师风建设、推进"三全育人"综合改革具有重要意义。辅导员的职业素养是一个不断发展，不断适应新时代教育环境和教育对象的身心特点及多元需求的动态范畴。辅导员自身要主动回应时代关切，适应职业教育现代化、建设教育强国和办好人民满意的现代职业教育的现实要求，不断学习、巩固、强化、创新，主动培育与提升辅导员职业核心素养，全面提高教书育人能力水平，为实现立德树人根本任务、培养担当民族复兴大任的时代新人贡献力量。

## 一、核心素养的科学内涵

### （一）能力、素质和素养概念及相互关系

20世纪90年代以来，社会进入以网络科技为特征的"现代社会"及"后现代社会"，为了适应快速多变的信息社会的多元需求，人们对社会需求的传统能力、技能等概念的内涵进行了扩展与升级，提出了包括"知识""能力""态度"的素养概念，并根据素养的关键、核心、可迁移等角度论证了"核心素养"。

1. 能力

"能力"一词在工业社会背景下被广泛使用。它是指个体为完成某种活动或项目所必须具备的、能胜任的实力，或者说是顺利完成某一活动所必需的主观条件。能力的形成可以是先天遗传获得，也可以通过后天习得和实践形成。"能力"的范畴比较狭隘，更多体现的是外显的技术，不包括内隐的态度、情感、价值观等层面。在工业社会时代，人们处于求生存、求发展阶段，不仅要适应自然，还要在复杂的社会关系中周旋，人们必须在探索事务本质的过程中，改造自然、改造社会为我所用。因此，人们必须有能力或力量把握对象世界，把自身所习得的知识转化为对事物的掌握与运用能力上才能在社会中求的生存与发展。

2. 素质

"素质"是生理学和心理学的概念。在生理学中，素质是指人的先天生

理解剖特点，主要指神经系统、脑、感觉器官和运动器官的特点；在心理学中，素质含义在生理学解释的基础上，更强调人的心理发展的生理条件，主要指神经系统和感觉器官方面的特点。《辞海》对"素质"定义为三层含义，一是指人的生理上的原来的特点，二是指事物本来的性质，三是完成某种活动所必需的基本条件。由此可见，素质只是人的心理发展的生理条件，但是不能决定人的心理内容与发展水平。素质是指在人的先天遗传生理基础上，通过后天环境和教育训练结合发展起来的，长期的、内在的、相对稳定的身心特征及其基本品质构成。"素质"的含义有广义和狭义之分。广义的"素质"是指在个体先天禀赋的基础上，通过后天的教育和社会环境的影响，个体可以塑造的素质，是由知识内化而形成的相对稳定的心理品质及其素养、修养和能力的总称。狭义的"素质"是相对于"应试教育"而言，其内涵要更狭窄，不全面。

3. 素养

素养对应的英文词有"competence""skill"等。通过对英文含义的梳理，"素养"可以理解为个体为了应对未来混沌复杂的生活情景，适应社会需要和解决问题需要，发展成为一个健全个体所必须掌握的知识、能力、态度的集合。可见，素养的范畴不只包括"知识"和"能力"，"素养"是一个"全方位"素养的内涵，是知识、能力、态度、素质、价值观等多要素的集合，体现出一个人内在的综合品质。

在《现代汉语词典》中，素养主要指平日的修养，强调其是后天习得和养成的。"修养"是指"理论、知识、艺术、思想等方面的一定水平，也指养成的待人处事的态度"。素养是一个人在知识、思想、技能、态度的超越，是个体在先天条件的基础上，经过长期锻炼与学习达到的水平。素养是个体在面对生活特定情景中的实际工作任务或遇到现实挑战时，能成功调动并运用知识、能力、态度，采取有效行动，达到满足生活情境复杂需要和解决问题目的所必需的一系列行为模式。"素养"是一种比较全面的提法，它是人的一种较为稳定的属性，符合全人教育的理念，能对人的各种行为起到长期的、持续的影响甚至决定作用。

4. 素养与能力和素质的关系

能力是指做一件事，能不能够去做，能不能够做好，是胜任某项工作或事务的本领；能力可先天遗传，也可后天习得，其范围比较狭窄。"素养"是人的素质和修养，它的内涵更宽泛，不仅包括知识能力，更是知识、态度、情感、价值观的综合表现。在高校的教育中，如果教育目标只停留在能力本位，就会把教育异化为"制器的工具"，学生的能力不通过情感态度进行转化，能力永远不能升级为素养，立德树人的根本任务永远不能实现。

素质是指做事情的态度，在完成工作任务过程中是否认真、负责，体现为一种能力运用的德。可见，素质是人外在的表现，素养则是人的才智、能力的内在品质修养，素养不一定表现为能力和素质，但能力和素质的深处一定有素养的内涵。"素养"要比"素质"的概念内涵更丰富，更易被人认同，具有可学、可教、可测的特性。素养是完成某类活动所必需的基本条件，素养就是平日的修养；素养是通过修习而获得的，而不是天生的。

## （二）核心素养的界定

"核心"一词在《现代汉语辞海》中解释为事物最主要且赖以生存和发展的那部分，是最关键、最必要的部分。对于"核心素养"，联合国教科文组织、欧盟、经济合作与发展组织等国际组织给予了高度关注，并对核心素养的概念及内涵进行了界定。

经济合作与发展组织认为"核心素养"是个体实现自我、终身发展，融入主流社会和充分就业所必需的知识、技能、态度的集合。核心素养是可迁移的，并且发挥着多样化的功能。联合国教科文组织发布的《教育：财富蕴藏其中》报告中，在终身学习理念指导下界定"学会求知、学会做事、学会共处、学会发展"四大终身学习支柱，而后联合国教科文组织教育研究所又提出"学会改变"的第五支柱，把五大支柱作为"21世纪社会公民必备的基本素质"。欧盟把"核心素养"定义为一个人在知识社会中自我实现、社会融入以及就业所需要的素养，其中包括知识、技能与态度。2014年《教育部关于全面深化课程改革落实立德树人根本任务的意见》，从国家宏观层面明确组织研究提出我国各学段学生发展核心素养体系，明确学生应具备的适应终身发展和社会发展需要的必备品格和关键能力，突出强调个人修养、社会关爱、家国情怀，更加注重自主发展、合作参与、创新实践。这是首次在国家课程改革的重要文件中明确使用核心素养概念。核心素养作为引领我国当前教育改革的新理念，其"关键能力"与"必备品质"构成的核心素养要素体现出了中国特色和本土诉求。通过以上组织对核心素养的界定，考虑我国的现实需求和教育实际，可以将核心素养定义为个体为适应未来个体生存和社会发展需要，通过教育和社会实践，逐步形成的必备品格和关键能力。它是知识、能力、态度、价值观等方面的集合体，具备开放性、稳定性与发展性的特性，是从事任何活动或职业必须具备的素质能力，是满足终身可持续发展的基本条件，是提升个体综合素质的重要保障，是一种跨职业的能力，是教育的应然状态。

立德树人是新时代大学生思想政治教育的根本任务。辅导员作为开展大学生思想政治教育的骨干力量，作为大学生成长成才的人生导师和知心朋友，作为学生日常思想政治教育和管理工作的组织者、实施者和指导者，承担着高校人才培养的重要职责。要培养大学生发展的核心素养，必须培养高质量的师资队伍。辅导员核心素养的建构反映了新时代高校对辅导员队伍的新要求，决定着高校思想政治教育的质量，是选拔和培养辅导员的重要实践依据。新时代高职院校辅导员核心素养的内涵建设应紧扣时代主题，立足立德树人根本使命，把立德树人落实到学生教育、管理、服务的各个环节、各个领域，真正肩负起培养担当民族复兴大任的时代新人的历史使命，着眼于自身职业成长和满足学生成长成才的宏观视域，着力培养德智体美劳全面发展的社会主义建设者和接班人。

二、新时代高职院校辅导员核心素养要素的构成

辅导员核心素养是辅导员素质能力中最重要、最本质、最关键的能力和要素，体现出辅导员职业发展的内生动力与职业成长的核心竞争力。

**（一）核心素养构成的依据**

**1. 制度设计上**

国家先后出台的一系列具体的文件和法规都对辅导员的工作内容、素质能力要求进行了规范化的说明。2014 年教育部印发的《高等学校辅导员职业能力标准（暂行）》，从职业功能、工作内容、能力要求等方面构建了高校辅导员队伍能力标准体系。依据辅导员岗位工作的实际情况，勾勒出辅导员队伍的专业素养要求、知识与能力的具体内涵，是国家对合格辅导员专业素质的基本要求，是引领辅导员队伍专业化、职业化发展的基本准则。2017 年教育部颁布的第 43 号令《普通高等学校辅导员队伍建设规定》中规定了辅导员具有教师和干部的双重身份，辅导员是开展大学生思想政治教育的骨干力量，明确了辅导员的九大职责。对辅导员职责进行分类，主要涵括三大方面内容：其一是对大学生开展思想政治教育和价值引领工作，包括网络思想政治教育，这是辅导员岗位的核心工作，是辅导员的首要职责。其二是对学生的大学生行为日常事务管理和学生行为规范的塑造，这是辅导员最主要的工作任务。其三是以学生班级建设、党团建设、大学生社会实践、学风建设、心理健康教育、突发事件处理和职业规划引导等为基本任务。从辅导员的身份上来分析，辅导员的"辅"就是要做好党委工作的助手，做好学生的思想政治教育工作；辅导员的"导"就是要加强政治引导、思想引导、行为引导和信念引导，守护好学生的人生走向，帮助学生做好人生规划，走好人生的每一步。从辅导员的职业能力来看，主要包括思想理论教育和价值引领能力、党团和班级建设能力、网络思想政治教育能力、校园危机事件应对能力、职业规划与就业指导能力、理论和实践研究能力等。

**2. 理论研究上**

通过梳理近年来关于核心素养的研究发现，大部分研究多集中在学生发展的核心素养研究上，对于辅导员特殊核心素养研究较少，对于高职院校辅导员核心素养的研究更是显有。比较有代表性的研究是北京师范大学资深教授林崇德明确提出以培养"全面发展的人"为核心，并将我国学生发展核心素养归为六大素养、18 个基本要点。研制中国学生发展核心素养，根本出发点是将党和国家的教育政策、教育理念、教育方针具体化、落地生根，落实立德树人根本任务，培养全面发展的人，提升我国 21 世纪人才核心竞争力。① 武汉科技大学王晓兰在《辅导员核心素养研究体系》中从思想政治素养、思想道德素养、知识素养和职业能力素养四个方面解析了辅导员应该具备的核心素养。② 程琼、王络忠认为应该重点把握思想政治素养、职业能力素养、道德品质素养、科学研究素养。③ 王丹丹、张聪认为高校辅导员核心素养分为职业管理素养、思想政治素养、信息媒介素养、学习与创新素养等四个维度。④ 有关辅导员核心素养的研究为构建辅导员职业核心素养体系提供了理论基础，但在辅导员核心素养建构中并没有体现出职业教育的类型特征，也没有体现出高职院校辅导员职业素养的独特性。

3. 工作实践上

辅导员核心素养的建构必须考虑三方面的需求，一是辅导员核心素养的建构必须依据于学生发展素养的需求，站在培育学生成长成才的角度来培育辅导员的职业核心素养。二是辅导员的职业核心素养必须满足国家制度层面对辅导员岗位职责和身份角色等方面的特殊要求和价值期待。高校辅导员的誓词内容是："我志愿成为一名高校辅导员，拥护党的领导，献身教育事业，恪守职业规范，提升专业素养，情系学生成长，做好良师益友。为培养社会主义合格建设者和可靠接班人而努力奋斗！"高校辅导员誓词是所有从事辅导员工作人员起誓的言词，展现出辅导员职业独特的内在精神实质、职业目标和价值追求。三是通过在实践中对优秀辅导员职业素养的分析从而构建出辅导员职业核心素养。如从"辅导员"年度人物，优秀辅导员身上去挖掘辅导员职业发展的最核心素养。从优秀辅导员中的典范，"时代楷模""最美奋斗者"曲建武老师的优秀事迹中去挖掘老辅导员身上具备的职业核心素养。曲老师站讲台、做科研，把知识转化为信仰，将满

---

① 钟启泉. "核心素养"赋予基础教育以新时代的内涵 [J]. 上海教育科研，2016（02）：1.

② 冯刚. 高校辅导员队伍专业化、职业化建设的发展路径：《普通高等学校辅导员队伍建设规定》颁布十年的回顾与展望 [J]. 思想理论教育，2016（11）4—9.

③ 程琼、王络忠. 新时代高校辅导员核心素养的价值、构成与培育 [J]. 学校党建与思想教育，2020（02）：86—88.

④ 王丹丹，张聪. 高校辅导员核心素养结果分析及培养策略 [J]. 长春大学学报，2017（08）：51—54.

腔热血投入到大学生的思想政治教育中，在高校思想政治教育理论课教学与大学生日常思想政治教育管理方面取得突出成绩。此外，曲建武老师还开通了微信、博客，及时掌握学生思想动态、了解学生思想诉求、解决学生思想困惑。特别是在社会上出现一些较大事件时，会及时向学生发送微信，引导大家正确看待。有学者对 2008 年至 2019 年 112 名"全国高校辅导员年度人物"的事迹文本进行编录、整理和解读，归纳出辅导员共有的职业核心素养：坚定的职业自信、较高的理论素养、高尚的职业道德、过硬的职业技能。这些素养为探究并培育高职院校辅导员核心素养提供了有益的借鉴。

通过辅导员制度、理论研究和工作实践三方面分析，根据我国基本国情，依据习近平总书记在学校思想政治理论课教师座谈会上的讲话，借鉴吸收国内外关于"核心素养""职业教育"的理论研究成果，构建出高职院校辅导员核心素养构成体系。

**（二）高职院校辅导员核心素养构成**

1. 思想政治教育素养

2019 年 4 月，习近平总书记在中共中央政治局第十四次集体学习时强调："加强对广大青年的政治引领，引导广大青年自觉坚持党的领导，听党话、跟党走。"① 辅导员作为高校开展大学生思想政治教育的骨干力量，首要任务就是对学生进行思想政治教育，承担起对学生价值引领的责任，牢牢掌握意识形态的领导权。

通过梳理辅导员制度发展的历史，我们可以看出高校辅导员社会角色有着内生的政治属性，"政治辅导员"是辅导员岗位设立之初的名字，表明其设立的目的就是政治需要。辅导员必须明确自身的首要"责任田"是思想政治教育与价值引领，思想政治教育是辅导员最本质、最重要的工作。在教育部 2005 年颁布的《关于加强高等学校辅导员班主任队伍建设的意见》、2006 年颁布的《普通高等学校辅导员队伍建设规定》（教育部令第 24

---

① 习近平在中共中央政治局第十四次集体学习时强调：加强对五四运动和五四精神的研究激励广大青年为民族复兴不懈奋斗 [N]. 人民日报，2019—04—21.

号)、2017 年颁布的《普通高等学校辅导员队伍建设规定》(教育部令第 43号) 等文件中都对辅导员是开展大学生思想政治教育骨干力量进行了确切的定义和说明。在《普通高等学校辅导员队伍建设规定》中辅导员工作职责中更凸显了思想理论教育和价值引领的能力。通过对辅导员九项工作职责要求的分析可以看出，它们之间的关系并不是平行并列的，而是有所侧重，思想理论教育和价值引领是辅导员工作的第一职责和核心要义，居于先导地位，是具有统率性的职责。对党团和班级建设、学风建设、学生日常事务管理、心理健康教育与咨询工作职责的细化分析可以看出，价值引领和思想政治教育都对这些具体性工作具有统帅性的职责，因而辅导员要探索如何将思想理论教育和价值引领的职责全流程的嵌入其他八项辅导员职责中，使得辅导员守土有责、守土负责、守土尽责。

思想政治教育素养是辅导员专业素养的核心要素，是统领其他职业素养的灵魂。它是指高校辅导员应该具备的政治立场、理想信念、道德品质、价值观念等综合运用的能力。辅导员是高校开展大学生思想政治教育的骨干力量、参与主体和一线人员，是新时代大学生日常思想政治教育与管理的组织者、实施者、指导者。辅导员的工作性质、工作职责决定了其必须具备坚定的政治信念、政治立场和政治方向。高校辅导员队伍之所以受到国家的高度重视，就是因为辅导员不仅是"经师"更是"人师"。

思想政治素养是辅导员最鲜明的政治底色，更是新时代提升辅导员整体专业化、职业化水平内在的要求。新时代高校辅导员要把提升自身的思想政治教育素养摆在首要位置，把思想价值引领贯穿于教育教学工作的全过程和各个环节。高校辅导员自身的思想政治素养关系到培养社会主义现代化建设者和接班人的质量。中国共产党自成立以来，始终高度重视思想政治工作，始终强调思想政治工作是经济工作和其他一切工作的生命线。1953 年，"双肩挑"的政治辅导员制度在清华大学正式确立，辅导员的政治角色从辅导员产生之初就已体现。辅导员作为高校政治参与的主体，在开展思想政治教育过程中坚持政治方向，在教育实践中形成政治信仰和政治态度，旗帜鲜明地讲政治，提高政治站位，牢记使命的政治担当。虽然时代变迁，辅导员的称谓由"政治辅导员"变为辅导员，但辅导员的思想政治教育和价值引领的职能从未改变。2017 年修订通过的《普通高等学校辅导员队伍建设规定》强调了辅导员要"成为又红又专、德才兼备、全面发展的中国特色社会主义合格建设者和接班人"。"又红又专"的提法明确回答了"高校应该培养什么人，为谁培养人"这一教育根本问题。可见，坚持正确的政治方向和坚定自身的理想信念始终是辅导员思想政治教育素养的核心内容。

第一，在全面夺取新时代中国特色社会主义伟大胜利的过程中，高校辅导员要有坚定的政治立场。辅导员队伍是在中国共产党领导下开展思想政治教育实践活动的，党性是辅导员开展一切活动的"内核"。习近平总书记指出，帮助广大青少年学生"树立正确的理想、坚定的信念十分紧要，不仅要树立，而且要在心中扎根，一辈子都能坚持为之奋斗"①。辅导员作为开展大学生思想政治教育的骨干力量，必须要政治强，从政治上看问题，在大是大非面前保持政治清醒。要始终同党和人民站在一起，具备时刻与党中央保持高度一致的政治立场、政治观点和政治态度，在路线、方针、政策和大是大非上与党中央保持高度一致。辅导员坚持以马克思主义为指导，要深入全面、学懂弄通习近平新时代中国特色社会主义思想的科学内涵、价值定位和逻辑体系。自觉用习近平新时代中国特色社会主义思想武装头脑、指导实践，要深入理解和把握马克思主义的立场、观点、方法，不断提升政治判断力、政治领悟力、政治执行力，时刻保持政治清醒，坚守正确政治方向。自觉做中国特色社会主义的坚定信仰者和忠实实践者，忠诚于党和人民的教育事业，自觉把党的教育方针贯彻到教学管理服务工作全过程。同时，辅导员要帮助学生树立为共产主义远大理想和中国特色社会主义共同理想而奋斗的信念和信心，帮助学生不断坚定中国特色社会主义道路自信、理论自信、制度自信、文化自信，牢固树立正确的世界观、人生观、价值观，引导学生做社会主义核心价值观的坚定信仰者、积极传播者、模范践行者。在实际工作中辅导员要用科学的理论来武装广大青年学生，积极引导学生热爱祖国、热爱人民、热爱中国共产党，用远大的理想信念鼓舞青年大学生。要把明辨是非、把握大势当作重要的政治素养。在任何情况下都要深刻洞察"培养什么人、如何培养人以及为谁培养人"

---

① 习近平关于青少年和共青团工作论述摘编［M］. 北京：中央文献出版社，2017：18

这个人才培养的首要问题。

辅导员在实际工作中要做到政治信仰不变、政治立场不移、政治方向不偏，真正成为引导学生"讲政治"的辅导员。要牢固树立"四个意识"、坚定"四个自信"、做到"两个维护"，自觉在思想上政治上行动上同以习近平同志为核心的党中央保持高度一致，自觉做中国特色社会主义的坚定信仰者和忠实实践者，树立正确的思想意识和价值观念，不断提高自身的政治品德、政治思想、政治行为，不折不扣贯彻执行党的路线方针政策，在教书育人中把培养社会主义事业合格建设者和可靠接班人时时放心上，引导学生树立正确的人生理想与人生信念，从而确保人才培养的政治底色。

第二，辅导员要做好大学生思想政治教育工作，必须要有深厚的思想政治理论素养，不断提升自身的理论思维。辅导员的理论素养就是在多元知识储备基础上形成的理论和思想的认知高度。所谓的理论思维就是运用理论进行的思维方式，是用概念、判断、推理等形式把握事物发展的内在联系和规律的思维方式。[①] 理论思维是高校辅导员思想政治素养的逻辑核心，主导着辅导员日常教育管理的发展方向，在思想政治教育素养结构中位于主导地位，起着总领的核心作用。辅导员只有具备理论思维，才能不断提升工作的科学化水平。毛泽东认为："认识的真正任务在于经过感觉而到达于思维，到达于逐步了解客观事物的内部矛盾，了解它的规律性，了解这一过程和那一过程间的内部联系，即到达于论理的认识。"[②] 辅导员队伍要实现专业化发展，必须从理论层面把握思想政治教育规律、大学生心理成长规律，需要具备宽广的知识储备和开展思想政治教育工作的务实知识和方法，把思想政治教育工作看作一个体系和结构，在开展思想政治教育工作中才能超越经验思维的局限，摆脱常识和熟知的束缚，形成范式的思考思想政治教育的方向、程序和定型化的思维结构。这样辅导员才能摆脱只"说"不"教"，只"管"不"育"的浅层次的教育管理层次，把对学生事务性管理提升到思维综合的层次。辅导员只有具备了理论思维

---

① 陈勇. 高校辅导员的理论思维及其培养 [J]. 思想理论教育导刊, 2020 (02)：144－146.
② 毛泽东选集：第 1 卷 [M]. 北京：人民出版社, 1991：286.

才可以将实践经验提升到理论高度,从事物的内在规律和必然联系中认识问题和处理问题,才可不犯经验主义的错误,从而正确回应学生的理论困惑和现实关切。习近平总书记指出:"要精心培养和组织一支会做思想政治工作的政工队伍,把思想政治工作做在日常、做到个人。"① 在会做的标准中最重要的就是辅导员要具备理论思维,能运用理论引领学生、教育学生、管理学生、服务学生,真正做到"以理服人",才能在日常学生管理中,把党的基本理论贯穿于学生学习、生活的方方面面,才能帮助学生在繁杂的社会思潮和非主流文化中廓清思想迷雾,在价值取向上站稳脚跟,能够把爱国情、强国志、报国行自觉融入中华民族伟大复兴的奋斗之中。

第三,辅导员在思想政治教育的实践中,必须把握政治性、时代性,着力提升理论宣讲的阐释能力、主题教育的设计和实施能力、谈心谈话的感染和说服能力。辅导员是大学校园中与学生最亲近的人,他们在日常教育活动和学生生活中的一言一行都会对学生产生潜移默化的影响。辅导员个人的家国情怀、责任担当、思想道德素质决定了能否对学生发生价值引领的作用,能否培养出中国特色社会主义事业的合格建设者和可靠接班人。辅导员要有不断运用思想政治教育理论开展思想政治实践的素养,要将思想政治教育内容融入班级建设、宿舍管理、社团活动、技能大赛等活动,在大学生的日常生活和文化氛围中加强大学生思想政治教育工作。例如,寻访革命遗迹、重走红色足迹的主题教育活动,让学生重温、铭记革命历史,传承革命精神;组织学生共同学习《习近平的七年知青岁月》一书,让青年大学生在探寻习近平总书记青年奋斗历程中,找寻到精神榜样的力量,树立"奋斗的青春最美丽"的青春观;号召学生学习牺牲在扶贫一线的基层干部黄文秀的先进事迹,激发青年大学生报效祖国、扎根基层、服务人民的热情。

辅导员在对处于"拔节孕穗期"的青年解决现实与理想的差距,以及工作、学习、生活与就业等方面的现实问题时,要发挥辅导员价值引

---

① 习近平在全国教育大会上强调:坚持中国特色社会主义教育发展道路 培养德智体美劳全面发展的社会主义建设者和接班人 [N]. 人民日报,2018—09—11 (1).

领的作用，要通过对社会动态和学生关注热点的分析，结合马克思主义理论与社会主义核心价值观，明确思想政治教育方向，积极引导学生明辨世界和中国发展大势，把学生的思想和行动都统一到中华民族伟大复兴中国梦的实践中，让思想政治教育焕发出强大的生命力。辅导员可以通过社会实践和课外活动传递思想政治教育观念，让学生接受、认同和检验思想政治教育理论。同时在日常生活中、日常小事中融入思想引领，在思想政治教育落细、落小、落实上下功夫，从而提升思想政治实践素养。思想政治教育实践是高校辅导员政治认知形成的前提条件，只有辅导员自身政治实践中遵循思想政治工作规律、遵循教书育人规律、遵循学生成长成才规律，才能实现理论认知与政治实践的统一。辅导员要做马克思主义的忠实信仰者和捍卫者，用坚定的理想信念为党育人、为国育才，用社会主义核心价值观引领学生成长，帮助学生夯实理论基础，引导青年学生树立"四个意识"，对党忠诚，对人民群众热爱，不断增强对社会主义现代化建设成功的执着，不断增强学生的政治鉴别力、价值判断力、价值选择力、价值塑造力，帮助学生认识中国特色社会主义事业的伟大性，使学生既志存高远，又脚踏实地，做有理想、有追求、有担当的新时代青年。

辅导员要结合新时期高职学生的心理特点，创新思想政治教育的路径和方式方法，不断拓展思想政治教育新途径。互联网重构了社会结构，重建了社会关系。同时也重塑了高职学生的价值取向、道德标准、情感理念所依存的社会基础与栖息环境。网络化生存模式的逐渐确立，使得学生通过网络接受文化知识，汲取并表达自身社会认知，用网络充实着意识形态建设内容，这种现象正逐步消解着辅导员思想政治教育的权威，同时也加大了辅导员宣传主流意识形态话语的难度。网络的开放性、匿名性、混杂性与传播途径的"点"对"点"以及高职学生自身的思维发展特点，使得占领网络思政教育的话语权成为高职院校辅导员必须应对的重大课题。面对各种社会思潮的交融与碰撞，高职院校辅导员必须时刻保持敏锐性和警惕性，提升自己鉴别、分析、批判不当社会思潮的能力，能够在管理中回击、破解各种错误思潮，在教育引导中重塑学生的政治价值观、人生价值观、道德价值观，使学生成为真正的中国特色社会主义建设者和接班人与青年马克思主义者。辅导员要把传统思想政治教育模式和新时代网络媒介结合，自觉主动地学习新媒体知识，牢固掌握新媒体运用方式方法，不断提升自己胜任网络思想政治教育的能力，无时空隔阂、无死角地做好"24小时"的网络思政教育。在辅导员工作的具体实践中能够让学生在网络多元化的价值纷争中找对方向，站稳脚跟，从而在学生群体中真正发挥自身价值引领的作用，把思想政治教育工作贯穿于一切工作中，使其成为一切工作职责的发力点。有效利用微博、微信、短信等多种渠道，运用个别谈话、举行报告会、召开座谈会、榜样激励、咨询辅导、树立典型等多种方法，不断探索符合青年身心发展特点与接受规律的思想政治教育与价值引领的内容与方式，牢固掌握网络意识形态的话语权，巩固并强化马克思主义思想在意识形态领域的指导地位。高职院校辅导员作为一种社会角色，在与学生接触时，必然产生很强的示范作用。辅导员要想很好地影响学生，必须按照高校辅导员制度化的身份重新自我塑造。高职院校辅导员在履行自己的职业角色任务时，一定要发挥好社会角色中的一个重要教育功能，即传递国家社会所倡导的社会意识形态。

第四，辅导员要强化政治纪律。辅导员在日常教育管理中要面对众多学生的多样化诉求，处理学生关于生活、工作、学习等各方面的纷杂琐事，其中涉及一些敏感性的事务，这时候辅导员一定要遵照《关于加快构建高校思想政治工作体系的意见》《新时代高校教师职业行为十项准则》《普通高校学生管理规定》《普通高等学校辅导员队伍建设规定》和高校关于辅导员工作制度的要求，他们应该懂规矩、守规范、尊法度、做表率，严格按照程序和制度来处理问题和开展工作，处理好公与私、义与利、是和非、正和邪的关系，遵纪守法，把政治规矩挺在最前面，保持公平公正，心不逾矩、行不出格，做到胸中有尺、心中有戒，用大德铸魂，用大格局成就大作为，这样才能真正成为"大先生"，成为学生的人生导师，才能实现教书育人、立德树人的目的。

2. 职业能力素养

辅导员职业能力素养是衡量辅导员专业化水平和工作能力的试金石，是辅导员必须具备的、区别于其他职业的根本素养，是辅导员工作职责和职业能力水平的高度凝练与概括，主要体现在基础能力、专业能力和职业教育能力三方面。

（1）基础能力。它是辅导员在履职过程中必须具备的最基本的能力。一是沟通交流能力。学生的教育管理工作能否顺利开展很大程度上取决于辅导员与学生的双向信息传输程度。高校辅导员必须具备较强的沟通交流能力，才能向学生传送高质量的大量教育信息，促进学生的发展。高职院校辅导要走近学生，了解学生，帮助学生，成为学生的知心朋友和人生导师。只有深入沟通才能理解学生，和学生建立良好的关系，并在倾听和共情中师生关系得到升华。在当前互联网时代，学生获取信息、信息传递和交流方式发生了很大的变化，QQ、微信、微博、抖音等更加便捷的沟通和信息获取方式受到了广大年轻人的青睐。辅导员必须掌握这些新的沟通交流软件，在这些交流网络平台上实现对学生的思想政治教育和价值引领。同时需要借助这些平台，及时、全面地了解学生的思想和行为动态，及时发现学生问题，并通过各种交流互动对学生进行正向导引，及时研判网络舆情，占领网络话语权，提升网络引领力。二是团队合作能力。辅导员必须发挥自己在育人体系中的重要作用，充分挖掘资源，主动与专业课教师、思政课教师、班主任、校企合作企业负责人、家长等各个育人主体建立协作关系，聚焦育人目标，齐抓共管，形成良好的全员育人的新格局。三是问题解决能力。作为与学生联系最紧密的辅导员，常常会遇到各种各样的学生问题，如学生打架、学生失恋等，这时候辅导员就要运用自己的专业理论来帮助学生化解困惑，需要有语言的艺术、问题的研判以及化解问题的策略，达到既解决表象的事务性问题，又解决了学生深层次的思想问题，真正做到以理服人、以德服人、以情感人。四是组织协调能力。辅导员是高校学生日常思想政治教育和管理工作的组织者、实施者和指导者，在面对众多学生的日常事务管理和思想政治教育工作时，应具备较强的组织协调能力。在高职院校，辅导员需要有效指导学生干部队伍建设。学生干部作为辅导员开展工作的助手，辅导员需要运用好学生干部的力量，充分调动其积极性、创造性，给他们提供自我教育、自我管理、自我服务的平台和机会，让其发挥朋辈群体的示范作用，带动更多的学生向他们靠拢。同时，辅导员作为班级建设的引领者和组织者，要加强对教育管理、人员组织管理等知识和技能的学习、运用，通过开展活动达到组织管理学生得心应手的效果，并提升班级的凝聚力和向心力。五是终身学习能力。面对知识化、网络化、信息化时代，辅导员职责的综合性和学生工作的多领域性，要求辅导员把学习作为一种追求，必须在培养好学生上下功夫，提升终身学习的能力是辅导员做好学生教育工作必不可少的能力。辅导员必须不断扩充和更新已有知识，这样才能完善自身的能力，以适应学生不断出现的新情况和新问题，能从出现的问题和变化的情况中找到对事务规律性的认识，才能快速找准学生问题，合理解决学生的思想和行为问题，从而契合学生多样化、个性化的需求，帮助学生全面发展。辅导员一方面要树立终身学习的理念，增强危机意识，不断明晰学习对于辅导员专业化、职业化、专家化发展的重要性。另一方面要在行为上争取一切学习的机会，增强学习的紧迫感，制订学习目标和计划，通过多种形式来加强自身理论和实践方面的学习，以形成知识不断更新、技能不断提升的效果。只有这样，辅导员才能跟上迅猛变化的时代，在遵循思想政治教育规律、教书育人规律和学生成长规律的基础上，对学生担负起思想引领的作用。

（2）专业能力。专业能力是指辅导员在从事专项工作时应具备的特定的能力。每位辅导员由于专业和性格的不同，在辅导员工作开展中会各有特色，展现出自身独有的知识和技能。辅导员专业能力具体包括以下几方面：

第一，学业规划能力。高职学生进入校园，很多学生处于迷茫状态，不知道上学对于他们意味着什么，无法适应大学自主学习的常态，对于自身的学业规划更是没有想清楚。部分学生学习态度不端正，学习目的不明确，学习兴趣不浓厚，有的学生上学就是为了拿一张文凭，甚至还有学生处于"无目的"状态。

辅导员需要具备学业规划能力。一是要引导学生明确学习目标。目标是行动的向导，辅导员要通过开展主题教育、邀请优秀毕业校友做经验分享等形式让学生明确自己的学习目的，通过优秀学生的成长经历来激发出学生自身学习的动力，制订出符合自己实际的学业规划。二是要指导学生掌握学习方法。很多高职学生在高中阶段没有养成很好的学习习惯，进入大学，辅导员要根据高职学生的学习特点，发挥出高职学生动手能力强的优势，指导他们从理论性强的高中文化课学习过渡到应用性强的专业课学习；从按照课表安排的固定时间、地点和课程的学习到更加灵活、更加自主的学习方式转变。同时，辅导员还要引导学生充分利用好图书馆、实训室、网络课程资源，通过参加社团活动、社会实践、技能大赛等培养学生的综合素养。

第二，心理健康教育能力。进入 21 世纪，国家高度重视大学生的心理健康教育，并且把"心理育人"纳入高校思政工作十大育人体系中。当代高职学生心理问题凸显，每年新生入学的心理测试结果显示高职学生相对于普通本科学生在学习、生活、人际交往和自我意识等方面都存在心理失衡问题。大学生心理健康问题已逐渐成为制约学生成长不可忽视的因素。高职院校辅导员作为大学生日常教育的管理者，又是学生成人成才的心灵导师，必须承担起对学生心理健康教育的重任，扮演好学生心灵健康的引导员角色。基于学生反映出的心理新问题采取有效的措施和手段，完成"心理育人"的各项任务。辅导员心理健康教育能力的高低将直接影响学生能否形成良好的心理品质。辅导员与学生接触多，熟悉学生的各方面情况而且能及时有效地与家长沟通联系，易于发现并帮助出现心理问题的学生。因此，高校辅导员具有承担心理咨询与辅导工作的天然优势，他们既是大学生心理安全工作和积极心理构建工作中重要参与者，也是非专业心理咨询人员。辅导员在心理咨询实践工作中必须具备消除学生心理安全隐患的能力，辅导员需要具备心理学的基本学科素质，掌握心理学的相关学科知识和心理健康判断标准的知识和技能，能够事先洞察学生心理的一些细微变化，特别是对心理异常和存在严重心理问题的学生，及早进行心理干预与心理转介，把握心理教育引导的先机，及早发现问题、干预问题和解决问题，从而消除心理安全隐患。辅导员同时还要具备处理学生心理问题的能力，针对学生思想观念和价值取向中存在的认知误区，辅导员需要具备心理咨询中澄清概念、分清层次、理清矛盾、追问可能、辨析预设、严格推证等分析问题的方法和艺术[①]，能够帮助学习遭遇困难、学业表现不佳的学生，疏解心理压力、提振学习信心。对临近毕业仍未获得用人单位录用意向的学生，积极提供就业托底帮助，缓解就业焦虑。对家庭经济困难的

---

① 王习胜. 专家型辅导员队伍建设论纲［J］. 高校辅导员学刊，2013（3）：1—5.

学生，在学生资助的各环节能把解决实际问题与解决心理问题相结合。同时针对学生在人际交往、恋爱情感、就业压力、集体生活中所遇到的困难和问题，开展个别谈话、团体辅导等和个性化帮扶，帮助青年学生树立正确的交友观、恋爱观、就业观。辅导员需要在系统的心理学知识学习和培训的基础上提升心理素养，使得辅导员具备多渠道、多形式宣传普及心理健康教育知识的能力。同时，辅导员要通过上讲台、主题教育、团体辅导、网络媒介等形式向学生传递心理健康教育知识和技能，积极营造有利于学生健康成长的环境，使得学生在健康、活泼、向上的氛围中，塑造积极心理品质和高尚人格。

第三，危机处理能力。随着高等职业教育规模的不断扩大，伴随而来的是学生的各种问题，高校俨然处于"危机"之中。高校危机事件的主要表现形式包括心理危机、网络危机、群体性事件、就业危机和社会政治性危机等。在对学生危机进行干预和处理时，辅导员成为重要力量。辅导员专业化发展必须具备危机处理能力。辅导员遇到学生的突发危机事件时，应该做到处变不惊，沉着冷静，迅速而正确地作出判断，及时有效地采取恰当的措施解决问题，从而控制事态，使其不扩大、不升级、不蔓延，最大限度地降低突发事件所带来的伤害和损失，维护学校的稳定和学生的安全。首先，辅导员要具备控制能力。在处理危机时，辅导员可以寻求相关组织和人员的帮助，不让事态扩大和升级。辅导员需要第一时间赶到现场，积极与有关人员沟通，稳定情绪，控制事态，防止事态持续发酵，并将信息及时上报。只有信息及时上报才能让领导掌握详细情况，争取做出正确决策，从而有助于凝聚全院的力量做好危机事件处理工作。同时，辅导员要采取调查、处理、抢救、核实的方式，掌握学生发生冲突的真实原因并采取有效措施平息事态的发展。其次，辅导员要具备危机决策的能力。在危机情境中，辅导员要控制自己心态，做到有条不紊，要制定、选择和实施应对危机的最佳方案，防止事件产生不必要的影响。最后，辅导员要具备危机恢复重建的能力。突发事件及时处理并不代表危机干预任务的完成，辅导员要在危机事件处理后通过个体和团体心理辅导的形式对相关学生进行心理辅导，使其获得力量与支持，从而消除危机事件对其产生的负性影响，尽快恢复到正常的学习和生活中来。同时，辅导员要对突发事件的发生、发展、事后处理等情况做反思,并且结合事件找到与学生思想政治教育相契合的点,让学生有正确的认知和评价。

第四,就业指导能力。高职院校坚持着"以就业为导向"的办学定位,就业教育可以解决受教育主体的实际问题。高职学生就业有着自身的特殊性。随着高等职业教育扩展性接纳与社会经济需求的不协调,使得高职学生面临着越来越严峻的结构性就业困难。对学生开展就业指导和服务,帮助学生树立正确的择业观和就业观是辅导员的主要职责之一。高职院校辅导员必须具备就业指导的能力,这样才能提高对大学生开展就业指导的实效性。辅导员的就业指导能力包括以下几方面:一是职业生涯规划能力。辅导员要在入学初,就为学生做好专业定位,给予其专业辅导,积极构建"互联网+"的职业生涯发展平台,利用测评工具帮助学生正确认识自我性格、自我兴趣、自我能力、自身优势和劣势,再结合对客观因素和环境的认知,设定出符合自身实际的合理可行的职业生涯规划,让学生以成为一名合格的职业人为目标,并帮助学生为达到目标而不懈努力。二是就业咨询和辅导能力。辅导员能够运用心理学、教育学等相关知识和技能,为学生提供个性化的指导,帮助学生解决在就业选择、职业适应、职业发展过程中存在的困惑和问题,帮助学生进行科学分析,准确定位,找到生涯发展方向,形成就业意向。辅导员要对学生提供专业及职业岗位咨询,把社会和企业对人才职业素养的需求与高职学生的成才目标、职业岗位选择、职业发展方向有机结合,使学生意识到只有具备高尚的职业道德、过硬的专业技能、精益求精的职业精神和积极主动的职业态度才能赢得企业的青睐,从而使得学生能够根据企业需求来规划和提升自身职业能力,在学习、修正中帮助学生寻求职业、适应职业、超越职业,实现职业理想。三是创业教育指导能力。随着大学生创新教育重要性的凸显以及创业带动就业的效应,创业教育成为就业指导的重要内容。辅导员作为大学生的知心朋友和人生导师,在大学生自主创业中发挥着重要作用,辅导员必须具备一定的创新创业能力。辅导员首先要具备创新素养,敢于打破思维定式、形成与时俱进的创新思维方式,开放想象空间,冲破体制牢笼,在一般中发现特殊,在共性中找出个性,在偶然中发现必然,在现有的事实基础之上预测和创造未来,把握形势动态,为学生管理机制带来更大的创新。其次,辅导员通过创新创业大赛、创新主题教育等形式来培养学生的创新意识、创业动机和创新能力，帮助学生熟悉创业政策、创业咨询。为有志于自主创业的学生创造就业环境、提供孵化支持，调动各方力量共同推动大学生自主创业取得长足发展。

第五，学生事务管理能力。中共中央、国务院颁发的《关于进一步加强和改进大学生思想政治教育的意见》中明确提出，要"坚持教育与管理相结合。把思想政治教育融于学校管理之中，建立长效工作机制，使自律与他律、激励与约束有机地结合起来，有效地引导大学生的思想和行为"。在《普通高等学校辅导员队伍建设规定》（教育部令第43号）中把学生日常事务管理作为辅导员的主要职责，高校辅导员对学生管理，对学生活动的计划、组织、指挥、协调和控制，体现在日常事务管理、学生成长、危机干预、稳定等方面①。可见，学生事务管理工作是辅导员的基本职责，事务工作管理能力是辅导员的核心能力之一。辅导员职责涵盖管理学生日常生活、建设班级组织、组织安全稳定工作、处理突发事件等。辅导员管理者的角色突出了辅导员职业具备的管理性和领导性。需要强调的是辅导员的主要职责是开展思想政治工作，但目前强调思想政治工作，并不是否认学生事务管理的重要性。辅导员的主要工作场域不是课堂，而是课堂外的学生的生活。辅导员需要不断处理学生遇到的日常事务，需要关注学生的方方面面。学生从入学到毕业，高校所有施加于学生的要求和任务，都需要辅导员作为中介，需要辅导员发挥上传下达，组织协调的作用。学生事务管理和思想政治教育工作具有主体统一性、价值一致性和功能互补性。辅导员在开展学生事务管理工作中同样承载着思想政治教育的内容和目标等信息，需要在事务管理中嵌入思想政治教育的元素，从而使事务管理工作也成为开展思想政治教育的重要抓手。

学生事务工作涉及学生各方面的利益，辅导员对学生日常管理工作的成效会直接影响学生对辅导员工作的认可度，影响辅导员思想政治教育实效性。因此，辅导员要积极探索学生事务管理工作的新模式、新方法、新路

---

① 邵国平，苗德露，杨琳. 高校辅导员的职业能力：结构与测量［J］. 心理研究，2013（2）：85－89.

径。新时代在角色要求和约束下，使用更科学、更符合学生特点的方式来开展事务性工作，在处理各种学生的现实矛盾、问题、困惑中，把思想政治教育有效嵌入，达到思想性和现实性、教育性和价值性的统一。辅导员在实践工作中要明晰，学生事务管理工作是联结辅导员与学生之间的纽带，事务性工作也承载着思想政治教育和价值引领的目标，事务性工作已成为育人工作的重要抓手。

第一，辅导员开展学生事务性管理工作具有价值导向功能。比如，辅导员在学生助学金的评定过程中，秉持公开公平公正，做好表率，帮助学生正确看待"贫困"，树立"诚信意识"和"感恩意识"，让学生感受"奋斗的青春最美丽"，"所有的困难都是暂时的"，帮助学生正确看待物质，正确看待贫困，树立科学的金钱观和人生观。

第二，辅导员开展学生事务性管理工作具有育人功能。比如，辅导员在开展班级文化建设中，通过创设积极、奋进的环境，对学生的成长发挥隐性的熏陶、约束和教育的作用。同时，辅导员可通过开展丰富的活动，让学生参与其中，不断挖掘学生的潜能，促进其全面发展。在学风建设中，引导学生养成良好的学习习惯、掌握科学的学习方法。

第三，辅导员开展学生事务性管理工作具有开发功能。辅导员能够调动学生的主体意识，发挥学生的主观能动性和创造性。比如，在学生参与社会活动过程中，辅导员能够培养学生的组织能力和协调能力。在突发事件处理中，辅导员积极探索问题背后潜在的世界观、价值观导向问题，及时对学生的心理问题和行为失范问题纠正。

（3）职业教育能力。国务院印发的《国家职业教育改革方案》中要求职业教育应落实立德树人根本任务，健全德技并修、工学结合的育人机制。高职院校需要通过"产教融合、校企合作"等形式来提高人才培养质量，培养学生与企业文化要求相吻合的职业道德、职业精神和职业能力。虽然高职院校为社会现代化建设培养了大批技术技能型人才，但随着经济和高速发展和产业更新的加速，人才培养质量与企业需求吻合度不高的问题日益凸显。高职院校辅导员承担着对学生开展思想政治教育和职业素养提升的任务。这就要求高职院校辅导员队伍建设适应国家职业教育发展的要求，遵循职业教育的类型定位，关注现代企业制度与学生职业素养培养的融合，工作规律与学习规律的融合，职业及职业成长规律与教育及教育规律的融合。以学生为中心，整合行业、企业等各方资源，全程跟踪学生的成长成才动态，把社会主义核心价值观和现代企业优秀文化理念融入高职人才培养全过程，进一步提升职业教育能力，更加注重学生职业道德、职业精神、职业素养等非智力因素的培养，做好职业教育与学生成长成才的衔接的保障工作。

第一，应该重塑学生对职业教育的认知。让学生知道国家对职业教育高度重视，明晰高等职业教育的类型属性。职业教育是高等教育的重要组成部分，与普通教育具有同等重要的地位。职业教育是"人人都能出彩"的教育，是值得被重视的教育。帮助学生树立"劳动光荣、技能宝贵"的职业观，充分尊重劳动，相信只要努力，职业教育同样也会给予学生展现自我、实现价值的机会。

第二，辅导员要重视学生自我效能的培养。辅导员不能只把自己简单地看成心理"授道者"，而是应该以"教育者""服务者""管理者"的身份参与到学生的学习中、生活中。通过开班会、进宿舍、进网络等形式感受学生的所思、所想、所需，引导学生正确理性地看待高职教育和真实的自己，将自卑情感向积极方面转化，用积极的眼光看待抉择中的自己，从而达到"知耻而后勇"，达到不断进步、不断超越的实际效果。同时，辅导员要针对学生普遍自信心不足、职业认同感不强的问题，通过鼓励学生积极参与各种集体活动，多为学生创造成功的机会；在各种社会实践活动中帮助学生重新自我认知，发现自己的"闪光点"；提升学生自我管理、自我教育、自我服务的能力，在辅导员与学生协同、互动中，让学生更好地认知自己、悦纳自己。同时，辅导员要注意培养优秀的党员和团员干部，使其发挥朋辈群体的效应，成为广大学生学习和效仿的榜样。这样辅导员才能使学生对职业教育的学生群体和学生个体有更全面、客观的评价，增强学生的自我肯定，激发行动的动力。

第三，聚焦对学生"工匠精神"的培养。职业教育的办学特征决定了高职院校辅导员承担着培养学生工匠精神的重任。工匠精神从本质讲就是一种具有自主性和创造性的劳动精神，体现出劳动者在劳动实践中追寻的最高价值趋向。辅导员在对学生教育过程中，要在注重思政教育的基础上，整合各方资源，充分利用网络平台，开展大国工匠精神、企业文化、职业意识和行业规范等宣传教育活动，传递浓厚的职业情怀，逐步培养学生树立正确的职业道德观，形成良好的职业态度和职业能力。辅导员作为学生成长成才的人才导师，应该将工匠精神作为学生人文素养教育和道德教育的重要组成部分，开发出符合职业教育属性、契合企业对高职生职业素养诉求及高职学生职业发展特点的职业素质教育内容，切实将"工匠精神"融入学生的日常思想政治教育和管理工作中。高职学生成长的基本诉求是职业成长，而职业关系也是社会关系的核心，因而关注学生的职业教育亦是立德树人内涵发展决定的。

第四，辅导员在针对学生职业发展、就业择业中的难点问题，应该把思政教育与职业教育相结合，围绕专业发展、技术趋势和企业对人才需求的前沿问题，通过开展讲座，培养学生正确的职业观，培养学生批判质疑、独立思考和专注坚持、精益求精的能力，激发起学生的主体发展需求，达到思想成长与职业发展融汇共生的效果，真正成为学生职业素养发展的引路人。同时，辅导员要积极引导学生参加各类技能大赛，在大赛中达到以赛促学的效果，在学生职业训练的过程中，培养起学生追求卓越、敢于革新、注重细节的工匠精神。辅导员要重点围绕培养学生劳动意识、劳动态度、劳动精神，不断加强劳动教养与德智体美教育的有效融合，达到以劳树德、以劳增智、以劳强体、以劳育美的实效，不断创新劳动教育的形式，结合专业特色、就业岗位需求等将行业标准、岗位要求有机融入学生的劳动素质教育活动中。

第五，要充分挖掘第二课堂、社会志愿服务和公益活动中的劳动育人的元素，在劳动践行中不断培养和提升学生的劳动素养。辅导员要积极开展创新创业实践活动，不断增强学生的创新精神、创业潜能、创新精神，不断提升学生的创业水平，为未来走上社会打下坚实的创业基础。辅导员自身要不断了解科技、经济、发展趋势，加强创业理论的学习，掌握"互联网＋"、大数据分析、区块链等操作运用技术，寻找创业机会，不断丰富创业的实践经验，为学生提供专业化、全程化、个性化的有效指导。

3.道德品质素养

道德的基础是人类精神的自律。我国自伏羲"始定人道"、黄帝"修德振兵"开始,就有了崇道尚德的历史发展轨迹。作为我国传统文化根基的儒家学说更是将道德作为安身立命之本。由此可见,道德品质素养是教书育人的前提,是师德师风的重要风向标,更是评价教师队伍素质的第一标准和首要总则。习近平总书记强调,"道德之于个人、之于社会,都具有基础性意义,做人做事第一位的是崇德修身"。① 习近平总书记在北京师范大学与师生代表座谈时强调,"教师的职业特性决定了教师必须是道德高尚的人群"。② 职业道德是教师职业素养的精神内核,也是其道德品质、行为修养、人格魅力的具体体现。"师也者,教之以事而喻诸德者也。"我国把立德树人作为教育的根本任务,强调立德树人是新时代高等职业教育改革发展的本质要求,把师德师风作为教师评价的首要标准,这对于促进职业教育高质量内涵式发展具有重要意义。高校的办学质量取决于师资水平,而师资水平的关键内核就是教师的师德师风。教育的过程就是教师言传身教、行为示范、以德立学、以德施教的过程。教师的职责不仅仅是传道授业,把人类的精神财富转化成学生的精神财富,更在于其为人处事、于公于民、于公于私所持有的价值观对学生良好品格的隐形塑造。新时代高职院校人才培养的目标是高素质技术技能型人才。实现新时代职业教育的高质量、内涵式发展,引导高职学生成长成才,教师不仅要有扎实的理论知识、精湛的技术技能,更需要培养学生高尚的道德情操,使其成为堂堂正正大写的"人"。高职院校辅导员是帮助大学生树立"三观"的价值引领者和成长成才的引路人和知心朋友。辅导员是高校中与青年学生联系最紧密的群体,辅导员自身的政治素质、价值取向、道德情操、工作态度、言行举止等都对青年学子道德认知和价值判断具有很强的影响力和感染力。辅导员以身示教的方式强于口头上的简单说教,辅导员的价值判断、行为准则、道德修养对学生具有潜移默化的作用。因此,辅导员要始终坚持道德引领,注重自身道德品质和道德修养的提高,要带头弘扬社会主义核心价值观,努力涵养自身的道德情操;在开展思想政治教育工作中,为学生树立榜样,以身作则,为人表率,真正成为学生品德淬炼的引路人。

---

① 习近平谈治国理政:第一卷 [M]. 北京:外文出版社,2018:175.
② 做党和人民满意的好老师——同北京师范大学师生代表座谈会时的讲话 [N]. 人民日报,2014—09—10.

陶行知说："教师的道德品质，不仅是规范自己行为的需要，更重要的是教育学生的需要。"教师的社会角色本身所具有的传承性，使得其社会角色具有示范教育的作用。教师日常的言行都会潜移默化的在学生眼中和心中留下印记和形成道德和价值评判标准。辅导员与青年大学生接触的时间和机会最多，对学生的了解也最全面，因而对学生思想行为的影响也最深远、最持久。辅导员制度化的身份内在蕴含着道德榜样、行为模范、社会良知，同时在学生的学习、生活中是学生的良师益友。辅导员要将高尚的道德情操内化于心，外化于行，才能对学生的思想价值做到真正的引领。如果辅导员在是非、善恶、以利方面出现问题，他绝不会教育出道德高尚、人品端正、见义忘利的道德楷模。

高校辅导员的人格魅力主要是通过自身的人品、学识、阅历、能力、情操、意志力等方面表现出来的。因此，高校辅导员在履行立德树人的神圣职责时，既要"道问学"，又要"尊德性"，在是非、曲直、善恶、义利、得失等方面树立正确的价值导向，并通过立言先立德、树人德先行，塑造自身的人格力量和人格魅力，点燃学生对真善美的向往，处处为大学生树立行为表率，将良好的德行贯穿于教书、管理、服务的全过程。只有这样，高校辅导员才能够帮助大学生扣好人生的第一粒扣子，真正担当起立德树人的责任，增强学生的价值判断力、选择力、塑造力，真正引领学生成长成才。总之，高校辅导员要教育大学生诚实守信，自己就必须言出必行、言行一致；要教育学生养成乐观、豁达、积极向上的品格，自己就需要具备正向思维和积极追寻幸福的能力；要教育学生勤思笃学，自己就需要掌握广博的通用知识，并不断提升理性思维能力。

党的十九大报告指出，新时代要加强师德师风建设，培养高素质的教师队伍，引导学生成为德智体美劳全面发展的德才兼备的社会主义建设者和接班人。师德师风建设是保证教师队伍高质量发展的内在要求和重要保证，它决定着高校人才培养的质量，影响着高校"为谁培养人"这一根本问题。教师重要，就在于教师的工作是塑造灵魂、塑造生命、塑造人的工作。辅导员兼具教师和管理者双重身份，必须在平凡的工作岗位成为学生做人的镜子，取法乎上、见贤思齐，不断提升自身的道德情操，把真善美的种子洒落在学生的内心深处，不断地把正确的道德观、价值观传授给学生。

在对全国高校辅导员年度人物事迹材料的文本进行了梳理后，发现优秀的辅导员都把辅导员工作比喻成一个良心活，是需要不停地用爱、用心去浇灌的系统的"良心工程"。辅导员的工作平凡且琐碎繁杂，但它是基于学生真正成长发展为目的的，不只是知识的传授，而是引领思想的觉醒，从某种意义上讲，辅导员工作真正能够改变的是学生的命运。良心是外在价值的内化。良心是高校辅导员核心价值观的基础，只有有良心的辅导员才会在认同自己职业价值的基础上，不断反思工作，不断自我提升，体会到思想政治教育工作中的道德责任，有着"捧着一颗心来，不带半根草去"的奉献精神，扎根在辅导员岗位上，以自己的道德品质和模范行为影响和带动学生。高校辅导员的道德素养主要体现在以下三方面：

一是体现在对自己从事的辅导员岗位的忠诚和热爱上。爱是辅导员工作的灵魂，是教育和服务学生成长的动力。我们常说"干一行，爱一行"，做辅导员就要热爱教育工作，热爱辅导员岗位，只有把爱融入思想政治教育过程，才能发挥辅导员思想引领的功能。教育是塑造人、发展人的事业，所以辅导员要把教书育人作为一种天职，把传承文化、传播真理、立德树人作为自己一生的事业追求，不能只把辅导员岗位作为一个养家糊口的谋生手段。由于高校职业等级观念的存在，少部分辅导员受市场经济利益驱动和个人主义、功利主义和实用主义等价值观的影响，对自身职业身份和职业价值的认知存在困惑。他们追求物质利益，在工作中计较个人得失，只想着职称晋升和职务的升级，出现了师德滑坡的现象，严重影响了高校思想政治教育工作的效果。目前高校辅导员还未真正实现所谓的专业化，在高校体系内部对辅导员职业还未取得正向的认可度。辅导员作为高校教师队伍和管理队伍的重要组成部分，由于角色的多重性和职业要求的多样性，导致辅导员在实际工作岗位上不能像专业教师那样潜心教学和搞科学研究，产出高质量的教学和科研成果；也不能像行政人员那样潜心管理服务，获得领导和同事的欣赏和认可。国家对于辅导员的职业发展要求"双线晋升"，但现实层面往往是"单线"晋升，辅导员在职业身份认同方面陷入"两不靠"的境遇，职业的热情和获得感比较低。而且在高校教师体系和行政体系内，很多人有这样的认知：辅导员不需要专业知识，是人人都能干的职业，辅导员就是学生的"保姆""消防员"……外在社会的隐形评价投射到辅导员职业个体身上就会影响辅导员对职业的认知。因此，很多人在职业选择时不愿意选择辅导员岗位，即使选择了也把辅导员岗位作为一种跳板，有机会就想着"逃离"。辅导员个体要通过理论的学习和实践，形成对辅导员职业意义和价值的理解和认同，再通过内在的思辨、选择和融合等环节，站在为国家育人、育才的高度来思考辅导员岗位的价值、意义与责任，从而确立为教育事业奋斗的志向，以爱去润泽学生的生命，唤醒学生爱的本能，这样才能在平凡的辅导员岗位上干出成绩、干出价值，真正成为"四有好老师"。

　　二是体现在对教育对象的"爱与服务"上。"教育是一门'仁而爱人'的事业，爱是教育的灵魂，没有爱就没有教育。"[①] 辅导员的工作本质就是在做人的工作，要做到日常，做到个人，必须始终坚持"以生为本、大爱育人"的教育理念。辅导员作为高校思想政治教育的骨干力量，政治性是辅导员的第一属性。但随着社会发展对人才需求的变化，辅导员的职能也在保持思想政治教育大前提的基础上，向教育服务于学生的全面发展的思想引领功能转变。高尔基说："谁爱孩子，孩子就爱谁。只有爱孩子的人，他才可以教育孩子。"新时代，辅导员必须将博爱指向每一名学生，紧紧围绕学生，用爱浇灌学生的成长，没有爱便不会对学生产生持久的温暖，更不会把职业看作事业来对待。辅导员要在工作中树立严父慈母和知心朋友的师爱人格，在与学生接触交流时，不能只是简单的嘘寒问暖，而是将包容、理解、呵护的爱融入教育的全过程，用爱做好学生的教育服务工作。辅导员要用爱培育爱、激发爱、传播爱，把自己的温暖和情感倾注到每一位学生的身上，没有爱便不会产生对学生持续的温暖，更没有持久的促进学生成长成才的动力。大爱育人不仅是一种理念，更是一种责任，辅导员只有把大爱育人贯穿教育工作的全过程，才能保障对学生的思想教育和价值引领作用发挥实效。辅导员要关爱学生的人格健康，引导学生树立正确的世界观、人生观、价值观，形成健康人格，能正确认识时代责任和历史

---

　　① 做党和人民满意的好老师——同北京师范大学师生代表座谈时的讲话［M］. 北京：人民出版社，2014：9.

使命，正确认识远大抱负和脚踏实地。

辅导员要在大是大非、善恶美丑面前，坚持底线，能公平公正地对待每一名学生，关注每一名学生的人格健康，把工作用爱做细做实。关心学生的学业、生活困难，对于学习有困难的学生，辅导员要通过学习经验交流、讲座、朋辈帮扶等形式开展学业指导，指导学生制定计划、设定目标、做出决策，带着爱去解决学生学习目标不明确、学习动力缺乏、学习方法不佳、学习效率不高等方面的问题。对于家庭困难的学生要在物质和心理上都给予关注，落实好学业帮扶和国家奖助学金的发放工作，真正了解学生的实际诉求，为学生提供生活指导、学业辅导；关注学生的就业发展。高职学生的就业有着自身的特殊性，家庭、社会、学校在学生就业问题上投入很大。当前高职学生受到就业观念、知识水平以及实践经历的限制，就业能力比较低。辅导员要深入了解学生思想，特别是要通过谈心谈话、网络等形式对学生的思想动态进行跟踪把握，在入学之初就把职业规划和就业指导的元素贯穿于学生的日常教育管理中，根据学生的性格特点、职业兴趣、职业能力做好学生的职业生涯规划，分阶段、分时段的引导学生准确做好职业定位。辅导员自身也需要提升就业指导能力，通过学习现代化网络技术和提高就业指导业务素质，了解国家就业政策和就业形势，做好学生的个性化创业就业指导与服务。高职院校辅导员还需要加强校企合作，与学生实习企业指导老师加强联系与沟通，从而有效提升学生实习、实践活动的内容和质量，增强学生的工作体验，提升职业核心素养，为学生择业、就业、创业奠定坚实的现实基础。辅导员只有带着爱去工作，才能在学生心灵播撒下"真、善、美"的种子，学生在实际行动中滋养其生根、发芽、结出果实。

三是体现在辅导员职业道德素养上。习近平总书记在学校思想政治理论课教师座谈会上对思想政治理论课教师提出"六要"要求，即政治要强、情怀要深、思维要新、视野要广、自律要严、人格要正。人格一个人精神素养的集中体现。人格要正就是要求辅导员有堂堂正正的人格，要有大格局、大胸襟、大情怀，用高尚的人格感染学生，给学生指点迷津，引领人生方向。人格就是主体人的创造活动与客体人自我价值评价的统一。高校辅导员是具备教师和管理者双重身份的特殊群体，辅导员的人格内涵具有其符合自身职业要求的独特性。辅导员的职业道德就如明灯一样可以照亮学生不断前行的道路，对塑造学生健康人格、引导学生形成正确价值判断、充盈学生的心灵世界起着非常重要的作用。大学生正处于人生发展的关键时期，他们精力充沛、思想活跃、精神文化需求旺盛。大学生在学习和生活中易于接受新事物、新思想，有很强的务实和批判精神，他们崇尚追求自由、公平与正义，但由于自身发展和成长阅历的局限性，对于来自外界的负性影响缺乏鉴别力和判断力。因此，辅导员必须不断提升自身的道德修养，提升人格品质。辅导员内在的精神向往和思想境界，必须通过外在的行为展示才能发挥作用。辅导员不能只做"教书匠"，而要做"大先生"，既当好"经师"，又要当好"人师"。辅导员要在教育实践中不断培养和提升自身的职业道德，成为学生做人的镜子，率先垂范、以身作则，把正确的道德观、价值观传授给学生，当好学生道德修养的镜子。辅导员要广泛参与社会实践，在实践中增强自身的对国家、对社情、对省情、对民情的认知，更深刻体会辅导员职业立德树人的神圣使命，并将这种认知积极转化为潜心育人、为国育才的具体担当。同时，辅导员要参与指导学生的社会实践，在深入农村、社区、厂矿企业等基层组织中，把社会主义核心价值观贯穿于教育的始终，引导学生将社会主义核心价值观内化于心、外化于心，知行合一，将自己的专业背景和群众需求相结合，开展社会实践，投身基层、扎根基层。这样不仅能帮助大学生拓展视野、加强历练，也能在实践中升华辅导员自身的职业道德并体现在具体的职业行为中。辅导员要在工作实践中提升换位思考、积极共情的能力，在帮助学生解决具体困惑和问题的过程中，通过理解、接纳和无条件尊重，拉近学生的心理距离，从而用高尚的道德情操和精神境界感化、影响、熏陶学生。

### 4. 文化素养

文化是一个国家、一个民族的灵魂。历史和现实都表明，一个抛弃了或者背叛了自己历史文化的民族，不仅不可能发展起来，而且很可能上演一幕幕历史悲剧。文化自信，是更基础、更广泛、更深厚的自信，是更基本、更深沉、更持久的力量。在历史与现实、机遇与挑战并存的新时代，面对西方的仇华势力的颠覆，在多元文化思潮交锋中，坚定文化自信，是事关国运兴衰、事关文化安全、事关民族精神独立性的大问题。

中华优秀传统文化是中华民族的精神因子，是涵养社会主义核心价值观的重要源泉，更是世界民族文化之林的典范。大学阶段是大学生获得这种精神因素的关键时期。在新时代中国特色社会主义的伟大实践中，中华优秀传统文化对于新时代大学生思想的塑造、精神的引领、道德的陶冶、信念的强化有着极为重要的价值。然而，随着互联网技术的发展，西方意识形态的不断涌入，多元文化的碰撞与交融，在大学生群体中出现了对中华民族传统文化认同和文化自信缺失的问题。辅导员要担负起思想政治教育和价值引领的首责主业，必须遵循思想政治工作规律、教书育人规律、学生成长规律，将中华优秀传统文化有效融入大学生思想政治教育全过程，培养广大青年学子成为中华优秀传统文化的继承者、弘扬者和践行者，这样才能把中国特色社会主义的先进基因传承好。

首先，辅导员必须加强自身的文化修养。辅导员担当着促进优秀传统文化植入学生群体，深入校园生活，推动良好校风、教风和学风形成的责任，辅导员需要对中华民族五千年的传统文化成果进行积极地认知、借鉴、吸纳和转化，在不断的学习中增强自身从传统文化中挖掘思想政治教育资源的能力，积极探索中华优秀传统文化与大学生价值观教育的融合路径，全力开发内隐于静态文物中的发展动能，引导学生从情感上感受中华传统文化的厚重底蕴和亘古源深，在认知上提升对外来文化的甄别力，主动接纳和认同中华文化的价值特性和文化特点。在行为上主动学习和践行社会主义先进文化，运用先进理论解决工作生活中的问题。辅导员要不断推进对中华民族传统文化的创新发展，不断挖掘传统文化中的优质教育资源并不断赋予新的时代内涵，担负起中华文化传承和发展的责任。辅导员可通过传统文化主题教育、校风校训教育、校风班风建设等形式，引导学生理解中华民族传统文化的精髓，将传统文化作为推动学生全面发展的内生动力。同时，辅导员还要将中华民族传统文化融入所带的思政课程或通过开展传统文化课题研究和成立工作室等方式，不断在探索和研究中培养起对中华民族传统文化的情感认同、理性坚守，把弘扬和发展中华民族传统文化作为最深层的精神追求。

其次，提升革命文化素养。革命文化是我们党领导人民在革命、建设与改革中创造的，是新时代中国特色社会主义文化的重要组成部分。革命文化作为中国共产党人红色基因和精神族谱的重要组成部分，已经深深融入中华民族的血脉和灵魂，成为社会主义核心价值观的丰富滋养，成为鼓舞和激励中国人民不断攻坚克难、从胜利走向胜利的强大精神动力。辅导员要深刻领悟革命文化是中华民族五千年传统文化的延续，是中国人民在革命斗争伟大实践中革命精神的凝练和升华。

最后，提升社会主义先进文化素养。社会主义先进文化积淀着中华民族最深层的精神追求，融合了中华民族 5000 多年的中华优秀传统文化及党和人民伟大斗争中孕育的红色革命文化，是对我国传统文化和革命文化继承、发展的综合集成，凝聚着全国人民精神力量的内核。它是我国实现道路自信、理论自信和制度自信的基石，是实现中华民族伟大复兴中国梦的强大助力。辅导员自己要明道、信道，做先进思想文化的传播者、党执政的坚定支持者，坚定理想信念，坚定马克思主义的指导思想，坚定不忘初心的使命，坚定文化自信。辅导员要向学生深入开展党史、新中国史、改革开放史、社会主义发展史教育，使大学生认识到坚持党的领导的历史必然性、客观必然性和逻辑必然性。同时，辅导员要培养学生的历史使命感与社会责任感，鼓励学生从我国灿烂的历史和文化中汲取营养，正确认识历史发展过程中的曲折与失败，使其认识到推动社会发展任重而道远，从而树立家国情怀，将个人追求和社会需求有机结合，成为又红又专、德才兼备的社会主义合格建设者和可靠接班人。

当今世界以数字化、智能化为特征的新一轮科技革命正铺面袭来，我们也从信息时代快速地迈进人工智能时代。科技时代的变迁，使得教育理念、教育方式、学习方式都发生了深刻变革。善于学习，就是善于进步。我们知道学识不等同于知识，学识是外在知识获得的基础上，再经过加工内化而形成学识底蕴的过程。现在学生知识获取的过程已超越传统的课堂传授，线上资源正悄然争夺或取代教师教育功效的发挥。面对教育领域的大变革，辅导员要升级自己的文化素养。教育部《高等学校辅导员职业能力标准（暂行）》指出，辅导员可成为思想政治教育、党建、心理健康教育、网络思想政治教育、职业规划与就业指导等方面的专家。这一规定，为高校辅导员主动提升专业素养、职业能力指明了路径和方向。实践中，高校辅导员要履行好立德树人的职责、塑造良好的形象，就必须精通思想政治教育心理学、管理学、教育学、心理学等学科的相关理论，熟练掌握心理健康咨询、就业创业指导等方面的专业技能。只有这样，高校辅导员在开展工作时才能够根据学生人格的独特性，创造性地丰富、完善他们的道德品质和人格特性。辅导员要强化主体意识，增强紧迫感，时刻处于学习的状态，不断丰富和拓展自己的思想理论修养和知识面，关注多学科、多领域的知识，优化知识结构，树立终身学习的理念，采取多种途径，博采众长，坚持向书本学习、向同事学习、向社会实践学习、向学生学习，形成系统学习思考的习惯，这样才能将知识内化为学识，不断增强自己的文化素养，才能针对学生"如何学习知识""选择何种知识""知识学习价值"的迷茫，用自己丰富的学识涵养来帮助学生解决观念困惑，从而应对工作中的各种挑战。在答疑解惑中凭借专业的知识和技巧感染学生，用知识真理的强大力量，帮助学生向求真理、悟道理、明事理的方向前进，从而使大学生逐渐适应时代的发展变化，进而实现自己的人生价值和社会价值。

5. 科学研究素养

高校是高级知识分子的汇聚之地，辅导员既具备管理干部的身份，还具备教师身份。无论从事教师还是管理工作，辅导员都应该具备科学研究的能力和条件。具备多观察、爱学习、勤思考、善总结能力的辅导员才能更好地服务学生的成长成才，才能更好地提升自我，才能更好地实现辅导员的专业发展，所以科研素养是辅导员职业化成长的活力源泉。辅导员需要在扎实的知识储备和实践管理基础上，对工作经验进行提升，把日常工作总结上升为别的辅导员可以借鉴的理论，形成科学研究成果。2014年教育部发布的《高等学校辅导员职业能力标准（暂行）》中要求辅导员开展科学研究。教育部公布修订的《普通高等学校辅导员队伍建设规定》中提出，开展理论和实践研究是辅导员的工作职责之一。可见科学研究素养是辅导员职业素养的重要组成部分，是提升辅导员思想政治教育科学化和实践育人水平的必然要求。

科学研究素养是辅导员总结工作经验、掌握科学方法、提升专业水平的关键能力。它是辅导员开展各项工作的基本能力之一，有助于辅导员在日常事务工作中摆脱经验主义的思维束缚，是实现科研与工作相结合，通过科研找到学生成长成才规律，实现思想政治教育目的，提高辅导员专业化、职业化水平的现实需求。

（1）辅导员是高校从事学生工作的一线人员，在传道授业解惑中需要辅导员用人格魅力、学识修养、品德涵养来引导和感染学生。在学识修养中，科研素养就是学识修养的外在表现形式。辅导员科研能力强，既能把工作中遇到的问题运用学理分析症结，通过比较、概括、找寻到解决问题的根本路径，同时在科研结论指导下，又可通过教育实践来检视结论的科学性和有效性。只有科学研究素养强的辅导员才能在学生教育管理中有高度、有特色、出精品、出项目，赢得学生的尊重和钦佩。这样辅导员开展思想政治教育工作才能高屋建瓴，又能接地气，深入人心。

（2）科学研究素养是辅导员职业素养的重要组成部分，提升辅导员科学研究素养不仅有利于破解辅导员职业发展的困境，也可以为辅导员的职业发展开辟新天地和新领域。教育部对辅导员的职业发展做出"双线晋升"的规定，要求辅导员职称评审单列计划、单设标准、单独评审，这是考虑到辅导员岗位的特殊性，是对辅导员队伍的重视和关怀。同时，教育部实施高校思想政治工作骨干攻读博士学位的专项计划，鼓励辅导员在职攻读博士学位。教育部人文社科研究项目设立高校辅导员专项，许多省级社会科学规划项目设立高校思想政治工作研究专项，鼓励辅导员开展课题研究。这些政策和项目都是鼓励辅导员开展以思想引领实践问题的研究，从而推动辅导员专业化成长。辅导员作为和学生接触最多，最容易了解和把握学生思想动态和性格特点的群体，拥有着很好的思想政治教育研究素材。辅导员应充分利用以上优势，并将其转化为研究动力，不断积累学生管理的实践经验，对照自身职责，聚焦实际工作中的现实问题和困难，以促进学生健康全面发展为目的，及时改善现有工作成效为研究目标，充分发挥与学生空间和心理距离近的优势，深入学生，在全面开展工作中有重点的聚焦某领域的突破，将长期形成的工作经验上升为理论，将工作成效转化为工作成果，形成辅导员思想政治教育研究的新角度、新思路、新路径，成长为既能做"事"，又能探究"原理"的"研究型辅导员"，实现自身的专业化建设，努力成长为思想政治教育的专家，不断提升思想引领的能力和水平。可见，辅导员的科学研究素养不仅仅指辅导员思想政治教育的专业理论的研究，更是运用专业理论开展实践，并进行研究与提炼的反思性实践研究。

如何切实提升辅导员思想政治教育的时效性，辅导员必须在扎实掌握思想政治教育相关理论和教育研究方法的基础上，不断深入研究新时代大学生的心理特点和思想政治教育规律，提升自身的科研能力，这样才能在实际工作中深入思考和探究遇到的问题，以及探寻问题背后的真实症结，从而找到解决问题的有效策略。辅导员的科学研究素养主要体现在以下四方面：一是明确研究对象。以问题为导向的研究是所有学科研究的基本规律。辅导员应该从自身学科背景的研究基础出发，把在真实工作场域遇到的实际问题作为研究对象。要基于实践性和行动性的问题为导向，以追本溯源的精神开展思政领域的研究，养成多层次、多角度、多方位观察问题的习惯，善于发现问题，面积面对问题。要深入开展研究必须关注新问题、找准真问题、追踪老问题。例如，如何加强大学生理想信念教育，如何精准认定家庭经济困难学生，如何引导学生预防各种网络诈骗问题，如何预防大学生心理健康问题，如何解决辅导员"双线晋升"难得问题等。找寻到新时代、新形势下高校思想政治教育工作和辅导员专业化发展中涌现出的真问题，探究问题的症结所在，寻求有效的问题解决途径。二是懂得怎么研究。辅导员要增强科学素养，必须具备很强的自主学习能力，学习各种研究方法，能够熟练的运用问卷调查、个别访谈、个案研究、数据分析和统计的方法，这样才能把质的研究和量的研究有机融合，把分散化、具体化的个体经验上升为可复制、可传播的理论聚合过程。但辅导员的研究必须坚持从学生中来，到学生中去，研究的最终目的是能够解决学生最急、最忧的问题，并通过研究指导实践。三是达到一定的研究效果。科学研究素养的形成是需要长时间的积淀的，辅导员必须能够静下来去反复推敲，耐得住寂寞和枯燥，学习别人已有的研究成果，在已有研究的基础上，转换思路和方法，才能找寻到自己研究的真正的兴趣点和研究方向。但辅导员做研究不能为评职称而研究，而应该把研究成果与育人实践有机结合，将科研成果的先进理念、成熟策略主动转化到立德树人的教育实践中，这样才能实现理论与实践的完美转化，才能更好地促进辅导员专业化、职业化的发展，为辅导员职业生涯的发展注入源源不断的内生力。四是要善于加强与其他育人工作者的协同，组建跨学科、跨领域的研究团队。面对新时代大学生思想政治教育工作呈现出的新特点、新问题，辅导员要放宽视野、着眼全局，加强与高校其他育人主体的联系，在涉及大学生日常思想政治教育方面要与思政课教师联系，涉及大学生就业、创业方面要与专业课教师和企业实习老师联系，涉及大学生心理健康教育方面要与学校心理健康教育部门联系。辅导员在多部门、多学科、多领域中组建跨学科的研究团队，在相互交流、相互借鉴、相互合作中聚焦研究问题，从而不断提升自身的科研能力。

# 第四章　高职院校辅导员队伍建设的问题与困境

职业教育高质量发展中，面对职业教育育人环境、受教育群体变化和提升高职教育人才培养质量的建设目标，高职院校辅导员队伍建设仍存一些不适应、不匹配的现实困境，使得辅导员队伍专业化、职业化发展呈现不平衡、不充分的特点。

## 一、"双重角色"与多重角色期待之间的矛盾

### （一）辅导员角色身份在制度层面的双重定位

1980 年，教育部、共青团中央《关于加强高校学生思想政治工作的意见》明确提出，学生政工干部既是党的政治工作队伍的一部分，又是师资队伍的一部分，赋予辅导员政治工作者和教师的"双重角色"。2006 年教育部颁布的第 24 号令《普通高等学校辅导员队伍建设》中从国家层面对辅导员具备教师和干部的二元双重身份属性进行了明确界定。辅导员不仅是教师队伍的一分子，同时也是学校管理队伍中的一员，具有教师和管理人员的双重身份，集教育、管理和服务于一身。2014 年教育部出台的《高等学校辅导员职业能力标准》对辅导员专业角色和职业身份进行了明确且详细的定位，再次强调了辅导员的双重身份，明确了辅导员的专业角色、职业身份、职业能力和职业守则等内容。这为激励辅导员专业成长、发展晋升、理想角色塑造提供了政策依据和发展路径。2017 年教育部对 24 号令进行修订，出台了第 43 号令《普通高等学校辅导员队伍建设规定》，对辅导员的身份目标、工作职责、职业能力要求、发展晋升保障做了明确的规定，并将辅导员纳入高等学校师资队伍和干部队伍的培养培训规划，这对辅导员

的角色进行了具体定位，使辅导员自我期望与他人期望有效融合。

辅导员作为教师队伍中的个体，具有教育者的形象和职能。辅导员通过教书育人进行"价值性"的传道、授业、解惑，在工作中始终要把"教育为政治服务"作为教育的根本宗旨，把培养德智体美劳全面发展的建设者和接班人作为教育的出发点和落脚点。辅导员作为干部，具有管理的职能，是高校组织系统内部学生事务的服务者，需要做好了解学生学习、生活、就业情况，做好学生勤助、评优、就业辅导、班级管理、家校、校企沟通等工作，有针对性地对学生提供各种帮助。

辅导员"双重身份"在国家制度层面的定位意义重大，顺应了我国高等教育普及化阶段的国情和学情，而且明确了新形势下辅导员工作的要求与职责，适应了我国高等教育的学生管理模式，这将大大激励辅导员工作开展的热情和积极性，为辅导员在立德树人根本任务指引下开展具体工作排解了后顾之忧，使得辅导员能够契合高校育人工作、思想政治工作和学生心理发展特点的要求，按照辅导员岗位职业准则、职业情操、职业品质积极有效开展工作，也对辅导员工作绩效考核和职业发展路径提供了政策依据，这对辅导员整体队伍的稳定和专业化发展具有非常积极的作用。

### （二）辅导员角色身份在现实层面的多元要求

《普通高等学校辅导员队伍建设规定》明确了辅导员兼具教师和管理者双重角色，这样就从国家制度层面确定了辅导员的职业角色、工作职责以及实现其专业发展的标准、空间和路径。但现实层面，由于辅导员"双重角色"衍生出多样的岗位职责和多重的角色期待，造成辅导员工作形成一种全能性的职责分配。

辅导员在国家层面的双重身份，既是教师又是干部，但两种身份在身份认同上又存在着相关干预和相关影响的矛盾。教师身份侧重于对专业的依附，强调专业性、学术性和自主性，应该具备教育者、学者和知识分子的形象。而干部身份从属于科层化，强调等级化、行政化和指令式，应该具备管理者、领导者的形象。教育与管理是完全不同甚至相互背离的两种类型的社会实践活动。教育是根据社会需要进行的有组织、有计划、有目的的"把受教育者培养成为一定社会需要的人"①的社会实践活动。究其本质，教育就是培养人、促进人身心全面发展的活动。教育存在的逻辑起点是人具有"可教化性"，教育感化是教育者施加于教育对象最有效的方法。而管理是为了有效地实现组织目标、提高组织效益而由专门的管理人员利用专门的知识、技术和方法对组织活动进行计划、组织、领导与控制的过程。②管理存在的逻辑基点在于通过制度等形式对组织成员行为的恰当规范、控制和约束。高职院校辅导员承载着教育与管理学生的双重职能，扮演着教师和干部的双重角色。

《普通高等学校辅导员队伍建设规定》（教育部令第 43 号）详细规定了高校辅导员主要工作职责：第一，在思想政治教育和价值引领方面；第二，在党团和班级建设方面；第三，在学风建设方面；第四，在日常事务管理方面；第五，在心理健康教育与咨询方面；第六，在网络思想政治教育方面；第七，在校园危机事件应对方面；第八，在职业规划与就业创业指导方面；第九，在理论与实践研究方面。有学者按照高校辅导员制度，根据辅导员的业务范围和岗位职责，与《中华人民共和国职业分类大典》中所列的职业分类体系相比对，得出辅导员所承担的职业角色至少覆盖 9 种独立职业的相关事务。③辅导员扮演着党团组织负责人、教育教学负责人、心理咨询师、职业规划师等职业角色，几乎把高校其他行政人员职业责任"零余"部分进行"加总"来确立辅导员的岗位责任，这势必会导致辅导员的职业角色过多，职业责任过重。在职业教育推进德技并修、工学结合的育人机制下，高职院校辅导员除了要承担普通院校辅导员的职责外，还须承担培育学生养成严谨专注、敬业专业、精益求精和追求卓越的工匠精神和服务产业结构调整的重任，这意味着高职院校辅导员扮演着更为重要的角色，承担着更多的工作职责和内容。

高职院校辅导员角色的多元要求来源于辅导员角色丛的丰富性。角色

---

① 辞海编辑委员会. 辞海 ［K］. 1999 年版缩印本（音序）. 上海：上海辞书出版社，2002：821.

② 陈传明，周小虎. 管理学原理 ［M］. 北京：机械工业出版社，2007：7.

③ 戴锐，肖楚杰. 职业社会学视角下高校辅导员的角色再定位研究 ［J］. 思想政治教育研究，2016 (6)：106—112.

丛是指社会的某一个别地位所包含的不是一个角色而是一系列相互关联的角色，即每一个人的一种地位不只对应一种角色而是一束角色。① 每一种角色都有不同的责任与权力、行为规范、思维方式、能力、知识等的要求。辅导员在高校既是推动高校党政工作、教师教育教学工作和学生学习管理工作的助手，又是高校思想政治工作的骨干力量、学生日常事务管理的主导者、学生成长成才的助力者和陪伴者。辅导员由于其角色形象以及工作职责要求的多样性，使其成为高校中与学生发生交集最多、离学生最近的教师，是高校与学生建立关系的重要纽带和关键联结点。不同的角色定位，会造成辅导员职业归属感模糊，工作陷入无方向和不确定的尴尬境遇，主要表现在以下几方面：一是混淆自己与学校其他行政管理人员的角色定位。辅导员通过对学生的日常事务管理来实施思想教育，但从事务性管理的角度分析其与行政管理人员所体现出的完全程序性工作的区别不是很明显。二是混淆自己与思政课教师的角色定位。辅导员也上讲台，承担着思政课教学的任务，虽然与思政课教师共同致力于大学生思想政治教育，但二者在思想政治教育工作中的角色定位和育人功能的发挥有很大区别，且在工作内容、方式、场所方面也有很大区别。三是混淆自己与其他专业人员的角色定位。辅导员需要运用心理学、社会学、管理学等知识帮助学生解决心理健康、职业规划和就业指导等方面的问题，但并不苛求辅导员本身就是心理咨询专家和职业生涯规划专家。

### （三）"双重身份"下辅导员的角色困境

"双重职能""双重角色"的定位，降低了辅导员工作本身的合法性，使得辅导员职业属性模糊、岗位职责泛化，从而造成辅导员出现角色困境，角色丛集失调。

1. 工作边界弥散，角色模糊

辅导员工作可以形象地比喻为"上面千条线，下面一根针"，学校层面遇到与学生相关的任何问题都可以概括成"去找辅导员"，有太多的"线"都试图通过辅导员这一根"针"落实工作。可见辅导员工作的多样性、复杂性以及艰巨性，这也充分显现出辅导员在高校稳定、学生成长成才过程中所扮演

---

① 秦启文，周永康. 角色学导论 [M]. 北京：中国社会科学出版社，2011：11.

的角色形象以及所发挥出的关键作用。辅导员与学生联系紧密，学生更倾向于接受辅导员的实质性教育影响。但同时学生并不完全处在辅导员的教育层面之下，学生学习与生活还受到专业教师、朋辈群体等的影响。这些不同的角色形象在学生成长中发挥着不同向、不同质的职能，这就要求辅导员肩负起思想政治教育骨干力量的作用，在多重角色身份中"兼职"，协调不同角色身份对于学生的多方影响，全面发展学生的政治思想素质。

一线专职辅导员把自己的职业角色形象比喻为"保姆""救火队员""全能选手"等，这并不奇怪，辅导员的职责涵盖学生学习、生活、情感、抉择等各方面的思想和现实问题，这既显示出辅导员工作的神圣性、挑战性和专业性，也迫使辅导员成为"综合辅导员"。辅导员由于角色形象的多重性，必然会衍生出多重的社会行为和行为结果，这对辅导员角色形象的认知和后续工作实况提出了巨大挑战。教师身份要求辅导员做好知识传授、思想启蒙，还要走上讲台为学生讲授思想政治教育、形势与政策、大学生就业指导和大学生心理健康教育等课程，覆盖了马克思主义理论、心理学、教育学等学科的理论知识和实操技能。而干部身份要求辅导员做好管理育人，采用行政手段加强学生的日常管理、党务、奖助贷等事务性工作。双重身份，两种不同的工作模式，导致辅导员多重角色，但这些多重角色之间又存在相互制约，引起辅导员角色扮演的困难与失调，造成部分辅导员"只重一头"的定位偏差。有些辅导员在实际的工作中，甚至被大量的事物性工作所"绑架"，使自己的职业定位与职业角色模糊，在多样化的角色转换中不能抓住自己的主要"责任田"，对思想政治教育的这一辅导员核心工作逐渐淡化，逐渐放弃了自身立德树人的本职工作，把自己完全转变为高校管理队伍中的一员，处于尴尬"生存"的状态。

在职业院校内部管理系统中，辅导员作为职业院校院系层面与学生发生联系的主要连接点，相关职能部门在对辅导员的认知上产生集体性偏差，只要和学生有关联的工作都要辅导员协助完成，并且根据工作需要赋予了辅导员不同的角色期待。随着高职院校扩招，学生数量增加，生源成分越来越复杂，高职院校在学生管理中暴露出层出不穷的各种问题。学工、组织、宣传、团学、教务、后勤、保卫等各个部门为应对新情况，把辅导员作为学生教育管理的多面手，不断地向辅导员部署各种各样的工作任务，为促进工作还制定各种各样的考核指标体系。辅导员的职责和身份不明确，不得不卷入浩瀚的事务性工作中，与学校各职能部门工作发生交叉，常常处于"联络、协调、转介"等协调性、兼任性角色叠加的无形压力中。任何涉及与学生思想、学习、工作、生活等方面的事情，学校职能部门都要求辅导员协同配合，辅导员成了奔走于、服务于各个职能部门的勤务员和"多面手"。例如，辅导员要协助就业指导中心开展就业指导和就业统计；协助组织部进行学生党员的发展及教育活动；协助后勤处进行宿舍卫生教育工作；协助心理咨询中心做好新生心理普查和心理咨询等工作；协助财务处催缴学费等。辅导员还要完成各类职能部门需要统计的各类数据、报表、材料汇总等。这些琐碎的非本职日常事务性工作消耗了辅导员大量的时间和精力，角色实践的繁重性，多重领导、多头管理、多重考核，必将导致辅导员对角色领悟与角色实践的偏差。辅导员的工作状态也由"使命自觉"转变为"命令驱动"，与学生的关系也由教育、服务转变为管理与被管理、指挥与被动服从的状态。这些都明显偏离了现代思想政治教育"育人"本质的要求，偏离了辅导员真正进行立德树人、思想政治教育的核心工作，导致辅导员本质职能的抽离，无法深入思考和开展思想政治工作。已有学者通过实证研究表明，当辅导员应然角色和实然角色扮演之间不一致性最小时，辅导员的工作满意度是最高的。[①]

辅导员岗位职责的泛化和内容的过于抽象与辅导员工作的职业化、专业化发展形成一定的矛盾。辅导员承担的职业责任成了高校其他人员的职业责任"零余"部分的"加总"，这就导致辅导员职业责任过重。大量本应由其他行政管理者完成的职责，不断侵占着辅导员的工作时间和空间，稀释着辅导员思想政治教育和价值引领的真正职责，这必然会模糊大众对辅导员职业的认知度和接受度，影响辅导员专业化、职业化、专家化的发展。

2. 职业认同感低，角色冲突

高校为辅导员角色设立的功能是日常思想政治教育和管理工作，但随着时代变迁，社会、高校对这支队伍的角色期待变得越来越丰富和饱满。

---

① Cervoni A，Delucia－Waack J. Role Conflict and Ambiguity as Predictors of Job Satisfaction in High School Counselors [J]. Journal of School Counseling，2011，9（1）：3－17.

学校希望其成为人才培养的主力军，学生希望其成为能够为其答疑解惑的人生导师和知心朋友，家长希望其能够成为孩子的"第二监护人"。这些角色一方面可以说明辅导员岗位对于学生成长成才的重要性，另一方面，不同群体对辅导员的各种期望，来自不同的方向，指向不同的内容，影响着辅导员日常工作内容与方式。要求辅导员要根据不同情况进行角色转换。但现实中多重的角色期待，多样化的角色要求，使得辅导员在多重角色转化中产生了对角色认知和理解的偏差，形成了角色冲突。

第一，双重管理引发的角色冲突。目前高职院校辅导员接受学校和院系的双重管理和双重领导，学生工作部门牵头负责辅导员的培养、培训和考核等工作，院系党总支负责做好辅导员的日常教育管理工作，并负责辅导员的直接领导与管理。但在实际工作中，辅导员面临着学院与系部对自身期望和要求不一致的情况，当学校和院系对辅导员提出不同的长期、短期工作要求时，专职辅导员则会产生混乱、难以抉择。

第二，多样岗位职责引发的角色冲突。高职学生在自我行为管理方式、人际交往、消费取向、专业学习、择业求职等方面都存在着诸多问题，需要辅导员能够及时洞察、管控与解决问题。在辅导员自身时间、精力有限以及支持资源不足、专业化意识不强、职业认同感低下和"趋利"工作倾向影响的条件下，面对繁杂的不同部门要求的事务性工作和思想引领性教育工作的双重压力，必然是优先选择具有指标量化意义且能彰显其工作成效的"显性工作"，即学生日常事务管理工作，搁置或放弃完成时限柔性、需精耕细作且效果内隐的思想理论教育和价值引领工作。辅导员工作是一项事无巨细的工作，与专业教师相比，缺乏项目导向、成果导向、荣誉导向，特别是思想政治教育的成效显现周期长，归结点把握起来比较困难，常常为他人"作嫁衣"，造成高职院校辅导员"低人一等"的心理认知和隐性氛围。[①] 这都严重影响着辅导员对职业的认同，甚至直接影响着辅导员工作的质量和效果。

第三，社会评价与自我评价引发的角色冲突。当前多数高校的主要工

---

① 董慧. "双创"时代高职辅导员队伍专业化培养和职业化发展探究 [J]. 教育与职业，2021 (19)：99－103.

作依然是教学与科研,大学生思想政治教育工作尚未进入高校的中心工作。目前辅导员的职责增加,而且工作任务"大多属于事务性、常规性工作,如查课、查寝、召开班会、统计数据、日常问题处理等,很多都是一些简单化、流程化的初级劳动"①。这些工作重复性的开展,会增加辅导员的职业倦怠,降低职业认同感。从国家制度层面看,辅导员职业角色具有思想政治教师和高校管理干部的双重身份,但现实层面辅导员队伍的身份认同无论在内部还是外部都与国家文件规定大相径庭。高职院校辅导员相对于本科院校辅导员在学校层次、发展空间、培训培养力度、工作强度方面都有区别,这些差异造成辅导员对职业的认同度都相对于普通本科院校辅导员要低下。辅导员工作的琐碎性,身兼数岗的现实又使其角色严重超载,丧失了独有岗位的专业性。辅导员围限、沉溺于琐碎而繁杂的事务性管理工作,放弃了对思想政治教育"属人性"的目的性本质的真切关注。② 辅导员难以有效地在工作中建构和提升自己的专业素养,也使得高职院校其他人员对其职业身份认同存在偏差。高职院校的一些专业课教师和行政人员认为辅导员就是管好学生的"孩子王""人人都能干,没有任何专业技术含量""就是和学生聊天";不少学生也只把辅导员作为处理事务性工作的"勤杂工",认为辅导员"只管琐事,不传授专业知识,对他们的成长成才作用不大"。这些都是对辅导员工作性质、工作任务、工作强度的严重误解,深深刺激着辅导员敏感的职业神经,必然导致心理创伤,使得辅导员对自己的职业身份和职业地位产生怀疑,无法与辅导员职业的认同、悦纳和归属形成关系。辅导员在主观感受上也对自己教师角色疏离。

有研究表明,多数辅导员把自己感同如学生的"保姆""救火队员""传声筒""办事员",大部分时间都用来应付琐碎的日常事务,无法平衡教师角色和管理者角色,无法在不同角色之间转化,无法灵活掌握不同角色之间的界限。长此以往,辅导员思想政治教育者的教师身份和教育功能将被淡化和隐匿,辅导员的工作偏离了学生工作的正常轨道,被矮化为"人

---

① 徐海生. 高校辅导员职业认同感研究［J］. 内蒙古师范大学学报:教育科学版,2014(11):91-93.

② 方黎. "理想"与"务实":新时代高校辅导员的角色担当［J］. 高校辅导员学刊,2019(6):33-36.

人都能干"的没有技术含量的普通行政人员或简化为纯粹的日常事务工作者。比如，学业指导被简化为学习成绩的计算，宿舍文化创建被简化为宿舍卫生检查，就业指导被简化为提升就业率。辅导员作为高校一名思想政治教育工作者，但现实工作中由于岗位任务重、可控性差、难有成就感，而且大学生的成长成才需要一定的周期，这种无形的工作范畴和不及时的价值反馈会造成辅导员对职业的价值感和荣誉感不强。以上情况都影响着辅导员对职业的认同。相当数量的辅导员把本职工作只当作一份"养家糊口"的工具，而不是看成一份真正的事业，还有的人把辅导员工作当作"过渡"或"跳板"，总是等待着有机会尽快转岗。辅导员的现实境遇必然会模糊甚至误导大众对辅导员"专业人员"身份的认同，这将限制辅导员向纵深发展的空间，甚至导致其职业专业化发展的迷离。

## 二、职业群体数量与职业专业化发展质量之间的矛盾

辅导员队伍的专业化是提升辅导员队伍建设质量的逻辑起点。辅导员队伍的建设，数量、结构、质量、效益都是关键性要素，但最具基础性、核心性和决定性的是辅导员专业化发展的质量。推进辅导员队伍专业化发展必须在"量"的建设和"质"的建设两方面下功夫。"量"的建设就是高校辅导员要优化配备，按照教育部总体上师生比低于1：200比例设置专职辅导员岗位，把辅导员足额配备到位。"质"的建设就是要优化提升辅导员的职业胜任力，走专业化发展的道路。辅导员"量"的建设是辅导员专业化的前提和基础。如果辅导员配备不足，会降低大学生思想政治教育和学生工作的覆盖面从而影响思想政治教育的实效性。辅导员"质"的问题解决不好，特别是在辅导员个体胜任力上出现短板，辅导员就会产生本领恐慌，出现所谓的"木桶效应"，会影响辅导员队伍的整体工作效能的发挥，制约辅导员队伍的整体发展建设，影响高校立德树人根本任务落实的质量和效果。

### （一）结构性配备不合理，专业化程度低

人才的合理配置既是队伍建设的重要环节，同时也是队伍专业化发展能否成功的关键要素之一。随着高职院校人数的扩招，高校招生数量和在

校人数大量增加，而且随着高等职业教育形势不断变化，学生成长成才问题与日俱增，种种现实情况要求辅导员以更强、更过硬的专业化职业素养来为学生的成长成才保驾护航。高校辅导员队伍进入了数量和质量上的高速发展期，大部分高职院校都努力按照教育部 1：200 的要求配齐专职辅导员，辅导员学历和政治面貌有了很大的提升，辅导员队伍建设方面有了长足的进步。但应该看到，还存在一部分高校由于缺编、受专职岗位设置数的限制等原因，辅导员数量配备不达标，甚至还存在劳务派遣、人事代理等聘用辅导员。而且辅导员与学生人数的配比在高校间、专业间、年级间还存在差异和不均衡的问题，辅导员配备在专业结构、学历结构、年龄结构和性别结构等方面还存在不合理的问题，这些问题都影响着整体辅导员队伍的专业化建设。

## 1. 专业结构

目前很多学校在辅导员选聘上主要看重学科出身与教育对象群体的相关性，不注重专业限制和人职匹配。根据教育部令第 43 号《普通高等学校辅导员队伍建设规定》要求，辅导员的选聘条件学历底线应该是硕士，而且要求具有从事思想政治教育工作相关学科的宽口径知识储备，掌握思想政治教育工作相关学科的基本原理和基础知识，掌握思想政治教育专业基本理论、知识和方法，掌握马克思主义中国化相关理论和知识，掌握大学生思想政治教育工作实务相关知识，掌握有关法律法规知识；同时具备较强的组织管理能力和语言、文字表达能力，及教育引导能力、调查研究能力，具备开展思想理论教育和价值引领工作的能力。理想状况下辅导员的学缘结构应该以思想政治教育及相关学科为主，但是在高校辅导员选聘和录用中，大多数高校都没有对辅导员的专业和学科背景做严格要求，辅导员学科支撑多样化和宽口径，几乎没有专业标准，不注重考查辅导员的思想政治相关理论知识。很大一部分辅导员缺乏马克思主义哲学、思想政治教育、教学学、心理学、管理学等相关学科的理论知识和专业背景。在混杂的专业背景下，很多不具备思想政治专业知识储备和学生管理相关学科专业实践的教师基于现实待遇、就业压力、继续深造的"跳板"或"制度"安排和行政要求被招聘或选调到辅导员岗位。这些教师选择辅导员岗位并非出于职业兴趣和专业理想，而是基于工具性思维取向，职业选择的动因是出于无奈和功利，对辅导员职业没有认同感和自豪感,职业忠诚度不高。他们在做学生思想政治教育工作时,由于其专业理论知识的匮乏和专业能力的欠缺,在应对学生出现的问题时会出现方法和手段的失当和失灵,使得其思想政治教育话语能力与从事思想政治教育工作现实需求之间存在很大差距,在教育和管理学生中不能正面有效地回击、控制和破解各种错误思潮、大学生关注的热点难点问题,无法真正有效地解决学生深层次的思想问题,使得高校思想政治教育的效果无法获得有效的保障。目前高职院校辅导员团队成员来源比较单一,更多以校园招聘为主,辅导员团队的跨界性属性不足,很少有区域、行业、企业的大国工匠、技术能手和劳动模范纳入到辅导员团队中去,而且"双师型"教师从事专职辅导员或兼职辅导员的人数占比更低,这样不利于加快学校与社会产业和企业行业的交叉融合,辅导员与专业、职业教育的交叉融合,辅导员专业结构和人员构成的失衡将不能满足学生对思想、知识、专业发展等方面的多样需求,不利于促进学生的职业核心素养的提升。

2. 学历结构

目前高职院校辅导员在学历结构上,一线专职辅导员大部分都是本科及以上学历,具有博士研究生学历的占比相对较低。然而,学历与辅导员的职业适配度并不是简单的线性正相关。

3. 年龄结构

高职院校辅导员队伍中 35 岁以下青年教师占比高,队伍过于年轻化,"老中青"合理梯队没有形成,缺乏富有经验的骨干力量和传帮带的领头人。① 辅导员整体偏年轻化,工作年限偏低,不利于工作的传承和队伍的长期稳定。辅导员绝大多数都是从应届毕业生中选拔出来的,他们与学生年龄相差不大,与学生之间有很多相似之处。从思想意识上看,年轻辅导员思维活跃、善于接受新鲜事物,这样有利于消除代际鸿沟,更利于走近学生,了解学生的心理特征,拉近学生之间的心理距离,产生情感交流共鸣;从身体状况来看,他们精力充沛,更能全身心地投入工作,能承担较大工作量,能适应较长时间的工作强度。但同时也应该看到,青年辅导员由于

① 柳连忠,翟藏库,裴淑娥,胡玲玲. 高职院校辅导员队伍"三化"建设存在的问题及对策[J]. 中国成人教育,2011,(18):76—77.

知识积累、生活阅历和社会实践相对单一，而且很多没有经过必要的学习培训和岗位实践就匆忙上岗，他们对高职教育的改革发展理念和人才培养模式不了解，只能按照本科学生的教育管理模式来开展工作。这就使得他们在面对和自己年龄相差无几的高职学生缺乏必要的号召力、感染力、引导力，对学生产生的专业方向选择、友情泡沫、职业生涯规划、"三观"困惑、人生抉择等问题无法给予必要的梳理与咨询。对于学生现实生活中由学校、社会、家庭、企业相互交叉复合作用所带来的苦恼更是缺乏有效的专业化指导，这将导致辅导员在对学生开展教育和管理过程中实效性差、教育效果不佳，很难承担起学生人生导师的重任。

4. 性别结构

在性别结构上，高职院校辅导员中女性居多，男性辅导员相对较少。女性辅导员由于承受着工作、家庭、育儿等方面的压力，使得他们在岗位上投入不足或因为角色协调不好而引发职业倦怠问题。

5. 职称结构

在职称结构上，多数高职院校辅导员还是以中级职称居多，副高级及以上占比相对较低，存在"两头小中间大"的现象。

辅导员结构的"数量不足""学历不深""年龄、性别不均""职称不优"等队伍结构配置性缺陷，都会导致辅导员队伍建设"基础不牢""潜力不足"。[①] 只有解决这些来自队伍结构性配置的矛盾，才能真正发挥辅导员队伍的专业作用，促进学生的健康成长。

**（二）培养培训未成体系，针对性不强**

高职院校辅导员工作是集理论性、实践性、时代性和实效性为一体的育人工作。辅导员要胜任本职工作，需要具备扎实的思想政治教育理论基础、广博深厚的多元知识结构、专业的实践技能和丰富的社会阅历。目前高职院校辅导员专业背景的多元化、职前培训的缺乏和不到位，使得辅导员入职后的职业培养培训承担了辅导员专业知识教育和职业能力提升的重

---

① 周蓉，顾春华. 高校辅导员队伍专业化建设的内涵式发展及路径探索［J］. 黑龙江高教研究，2021（06）：120－124.

要作用。高职院校对辅导员的培养培训可以增长辅导员的学识，查补知识和能力上的漏洞和不足，拓宽个人视野，提升职业竞争力，为辅导员走专业化、职业化发展道路提供坚实的保障。但现实层面高职院校辅导员的培养培训还存在不均衡、不匹配、不到位等问题，无法真正满足辅导员职业能力提升的内在实际需求。

1. 理论体系尚未构建

辅导员工作是"做人的工作"，是一个高度讲究科学和艺术的工作。辅导员队伍的专业化就是要以科学完善的学科体系为基石，以专业话语为介质，以专业知识支撑专业实践。[①] 辅导员岗位由"关于这一专业的知识"和"为这一专业的知识"两部分构成，前者是指从事该专业实践的核心知识，后者则是指从事该专业实践的辅助知识。[②]《高等学校辅导员职业能力标准（暂行）》《普通高等学校辅导员队伍建设》等文件的出台，使得辅导员专业领域的学科知识体系界定愈加清晰，明确这一职业，其学科不仅需要包含思想政治教育领域对应的扎实的哲学社会科学理论知识和马克思主义理论素养，还需要具有匹配于学生成长成才需求并能够帮助学生学业指导、心理健康教育、职业发展教育等方面的心理学、生涯理论相关科学知识，以及掌握学生日常管理、危机干预等方面的专业思维、方法与技能。可以说，辅导员的话语体系及其学科建设是这支队伍专业化建设发展的基础。但是，目前国家尚未构建高校辅导员专业学科理论体系，很少有学校开设学生辅导专业，这就使得辅导员工作缺乏专业话语权。现实中辅导员岗位主要是以思想政治教育学科为依托，未构建起体现辅导员岗位时代性、特殊性、规范性的辅导员专业理论基础和实践技能。目前针对辅导员培训和研修的基地和实施机构几乎全部是本科院校，这就造成高职院校辅导员的培养培训缺乏针对性，没有体现出"类型教育"的特色，也无法契合高职辅导员现实工作中的真实诉求。高职院校辅导员职业发展需要的"关于这一专业的知识"和"为这一专业的知识"的学科支撑尚未形成清晰的范畴和系统的范式，这将影响高职院校辅导员培养培训的专业影响力。

---

① 左殿升，等. 新时代高校辅导员专业化建设三维透视 [J]. 思想政治教育研究，2019 (03)：149—153.

② 李莉. 高校辅导员专业化发展研究 [M]. 南京：东南大学出版社，2011：155.

## 2. 培养培训不到位

近年来，教育部和各地各高校都在积极加大辅导员培养培训力度。在培训标准、资金投入和培训要求等方面越来越重视，辅导员上岗培训、研修培训、专题培训广泛开展。但是，很多高职院校对于辅导员的培养培训还是重视不够。有些学校辅导员的培养培训尚未纳入学校师资队伍和干部队伍培训的整体规划。有些高校即使有培训计划，但是在执行环节还存在缺失，导致培训制度经常停留在文件层面，随意简化的不规范现象时有发生。辅导员定期培训、挂职锻炼、日常培养等制度尚未建立，促进辅导员良性发展的机制尚未形成。这就使得辅导员队伍无法满足新形势下思想政治工作、职业教育改革和辅导员自身专业化发展的要求。

在培训的层级与次数方面：针对高职院校辅导员的培养培训主要以学校培训为主，省级及以上培训数量相对较少。辅导员参加校级、省级、国家级培训的平均次数逐级递减。近年来，教育部组织的辅导员骨干培养培训，每年分配的辅导员培训名额更倾向于部属和省属高校，职业院校的名额非常有限。对于庞大的辅导员队伍来说，那只是"单兵训练"，只有极少数的辅导员能够参加教育部的高层次培训。同时受资金、人数、名额分配等因素限制，高职院校很难保证每一名专职辅导员能够满足每年参加不少于16个学时校级培训，每五年参加1次国家级或省级培训的国家要求。培训问题已严重影响了高职院校辅导员的专业化进程和适应性能力的提升。

在培训的内容与方法方面：针对高职院校辅导员整体的培养培训规划和分层分类培训体系尚未构建。"大一统"不分层次的培训内容，无法区别地、有针对性地把握不同学历层次、专业背景、年龄性别和职业发展阶段的辅导员的发展诉求，直接影响培养的针对性和实效性。在培训中注重专项业务培训，对于理论素养、基础能力大都采用自发学习方式自行开展。在培训目标、培训内容与培训方式上还存在对本科院校的路径依赖，未凸显出职业教育的特色，缺乏实践性、针对性和跨界性。培训内容庞多而不精，空泛而缺乏重点，专业性和拓展度不足。特别是培训内容事务重于思维和方法，理论知识和实践技能不能深层对接，学校和企业在培养培训中不能深度融合。在培训形式多为专题理论授课的情况下，采取集中培训，人数众多，难以针对新时代辅导员在学生工作中出现的新情况、新问题，进行个性化、针对性的具体指导。在培训方式方法上，缺少现代化、网络化的转型，很少有"情景模拟"、挂职锻炼、社会实践等实操环节，无法充分调动辅导员学习的积极性和参与度。

### （三）"问题解决"为目的，偏机械化倾向

高职院校辅导员先天学科背景的多元性，后天专业培养培训的不到位、缺乏针对性，以及辅导员工作内容的复杂化和工作方式的重复化，导致辅导员在工作中出现以"问题解决"推进工作为目的，重回应学生现实利益需求，轻思想价值引领的工作重心偏离。目前针对高职院校辅导员的培训，侧重于专题和事务类培训的比较多，即使有理论培训也对理论背后的思维素养重视不够。很多辅导员在认知上缺乏对思想政治教育重要性和必要性的重视，对学生开展思想政治教育经常是行政性的安排，按照相关要求应付考核开展几个专题性的主题教育活动。甚至出现随着年级的上升，思想政治教育工作的重视程度呈现递减的趋势。辅导员在实际工作中，总是满足于学生只要不出安全大问题即可，认为思想问题是隐性问题，因而忽略对学生深层次思想问题的研究和教育工作。

随着社会转型和高等职业教育内涵式发展的不断深化，学生在发展成长中会遇到各种各样的复杂问题，有社会的、日常生活的、经济的，但更多的是意识形态和价值观的思想问题。大学生的任何外在问题都是其自身思想政治和精神状态的最真实体现。辅导员在应对学生繁杂的学业、就业、情感、人际等现实问题时，由于辅导员对思想政治教育认知的不到位，理论知识、理论思维和方法技巧方面的缺乏，造成辅导员对学生事务性工作与思想政治教育及价值引领之间的联结缺乏深入的思考，总是无法避免程序化、机械化的倾向，超越经验主义和事务主义的局限，难以将思想理论教育和价值引领这一统帅性的职责贯穿渗透到其他教育、管理、服务的工作范畴中；难以站在理论的高度，从学生整体素质发展和变化的教育情境出发，针对学生的现实问题精准发力，运用思想政治理论的弹性，正视、提炼、解决学生深层次的思想问题。这样辅导员就会逐渐成为思想政治教育的被动参与者，常常处于工作思维和经验思维的束缚中，以解决问题，完成任务为最终目标。长此以往，会导致辅导员专业化发展在一定程度崇

尚方向模糊和章法失序，辅导员也会丢掉自己的专业身份，变得目光短浅，陷入头痛医头、脚痛医脚的机械化局面，成为庸俗的事务主义管理者。教育部43号令中把"思想理论教育和价值引领"确定为辅导员的首责主业。辅导员工作如果只是围绕解决问题，而忽略问题背后的思想教育，这将使得思想政治教育工作犹如空中楼阁，辅导员专业化发展成为无源之水、无木之林。因此，辅导员在实际工作中必须把解决学生的实际问题和思想问题结合起来，才能在解决实际问题中增强政治引领的针对性和有效性。

### （四）适应内生规律不强，缺乏时代契合度

#### 1. 条块化工作模式

在国际国内社会进入"调整＋转型期"，社会思潮多元多变、改革开放持续推进和高等职业教育大变革的时代背景下，高校思想政治教育由传统走向现代的过程中逐渐呈现出自身存在的复杂性和综合性。例如，互联网背景下教育方式内容和学生思维结构的新变化，"知识爆炸"背景下科学技术更迭的加速化，开放背景下多元文化和社会思潮交叉影响的多样化和隐匿化，新媒体背景下学生诉求的个性化，贫富差异背景下学生资助工作的复杂化，学分制条件下学生培养的人文化，就业政策"双向选择"背景下学生就业工作的市场化等问题。这些问题都需要发挥思想政治教育的协调与整合作用，确保在实施过程中发挥整体性力量和综合性作用。思想政治工作是涵盖教育各方面的立体式、广维度的工作体系。为更好地推进大学生思想政治教育工作，"德育一体化""三全十育人""课程思政"等"大思政""大德育"理念不断被提出，在政府引导下积极探索学校、社会、家庭和学生等组成的多方育人机制，凝聚育人合力，从而实现多方面、多角度、多层次育人。思想政治教育的协同已成为应对社会问题复杂化、社会思潮多元化、社会心态极端化的主要渠道。

思想政治教育系统内和系统外的互补的、协同的、互动的育人主体间的良性互动有助于推进思想政治教育的实施。但在思想政治教育实际协同过程中，思想政治工作条块分割比较严重，各自为政现象比较普遍，"各个要素之间由于沟通缺位、信息隔阂、资源分散、协作匮乏而导致的思想政

治教育演化运行中的消散、分化乃至对抗"[①] 在一定程度上使"思想政治教育出现严重'碎片化'现象"[②]。大学生思想政治教育工作队伍主体由学校党政干部和共青团干部、思想政治理论课教师和哲学社会科学课教师、辅导员和班主任等三支队伍组成。面对"大思政""大德育"教育环境的变化，很多高校的辅导员队伍专业化建设仍然停留在守住一亩田、闭门造车、"单打独斗"的状态。"三全育人"格局下需要辅导员在因势而变的环境中，打造立体化"育人圈"，学会以大局观合力发展、协同成长，学会"借力"，不断寻求、调动与整合各方育人资源，为学生创造良好的育人环境与氛围。但目前辅导员的工作模式主要是条块结合的"个人包保制"，即每位辅导员在对班级学生教育管理工作负责的基础上，承担条块专项工作，如党团指导、心理健康教育与咨询、网络思想政治教育、就业指导等。一方面，虽然这样的工作模式有利于明确主体责任，对学生实行网格化管理，要求辅导员成为学生工作的"通才"，精通"十八般武艺"，但客观上却导致很多辅导员的专业素养和职业技能停留在"万金油"或"泛专业"的状态。另一方面，此种模式忽略了辅导员的"价值理性"，不同年限、不同学历、不同职称、不同胜任力的辅导员工作任务"同质化"、岗位职责"大而全"、考核评价"一刀切"，难以区分辅导员的专业化程度，无法激发辅导员的工作积极性和主动性，也无法发挥"专家型"辅导员的"标杆"和"引领"功能，长此以往势必造成辅导员的职业倦怠，累积专业化发展的"负效应"。虽然大部分高职院校已成立协调思想政治工作队伍建设和推动思政工作的领导机构，但是机构的协同成效不明显，部门间、个体间协同的壁垒还未破除，育人合力还未形成。学生思想政治工作队伍还处于"散兵作战"的状态，在专业化发展道路上还没有同行伙伴和同侪督导。

2. "类型教育"特色不凸显

高职教育重在打造高素质技术技能人才，但很多辅导员对职业教育人才培养目标不明确，在学生教育管理中还沿用着普通高等教育的范式，工

---

① 王学俭，顾超. 思想政治教育整体性协同创新 [J]. 湖北社会科学，2016（12）：176.
② 孙其昂，等. 思想政治教育现代转型研究 [M]. 北京：学习出版社，2015：110.

作内容、工作形势、工作方法都没有凸显出职教的特色。职业院校办学特征决定了高职院校辅导员承担着培育学生工匠精神、劳动精神、服务产业结构调整、产业技术升级的重任。辅导员需要遵循职业教育的"类型定位"，积极探索思想教育与工匠精神有机融合的有效途径，而目前高职院校辅导员对上述培养需求的快速反应不够及时。我国高等职业教育经过多年的探索与发展，形成了"校企合作、工学结合、产教融合"的教育教学机制，高职教育成为横跨教育界和经济界的教育，教育管理情境更具开放性、职业性和实践性。学生教育环境、教育主体、教学内容和教育方法产生巨大变化。教学空间从教室转移到生产车间或田间地头，教学场域的空间拓展使得教学更加情境化、趋向真实感，也使得学生会出现长时间脱离学校思想政治教育视野的情况。教学主体由先前的专业教师扩展到企业人员和技工技师，情境化教学的不断深入，使得教学系统中教师与学生、师傅与员工、教师与师傅的关系在不断互换中互动融合。教学方式也逐渐由理论教学转变成情境教学、项目活动等浸润式教学，学生在越来越接近未来真实工作的场域实习、实践。高职教育管理情境不只包括学习情境，也包括工作情境。学习时空、学习方式、教学主体、企业管理理念和方式的差异和变化，使得高职学生进入了一个更加开放的思想空间，在接触社会、认知社会，接触职业、适应职业的发展过程中，会让许多高职学生在观念意识、心理素质、身份转变上难以适应"工学结合"的人才培养模式，学生会在思想层面发生多层面、多样性的变化。这就对高职院校的学生思想政治教育提出了新的要求。

辅导员作为高职院校思想政治教育的骨干力量，却对职业教育变革中出现的工学结合、工学交替的学生事务管理、学生心理调节、学生职业素养提升活动设计等新的工作内容反应不及时和出现不适应的情况。高职院校辅导员主要由青年教师组成，社会阅历浅，普遍缺乏行业、职业发展知识和行业企业实践经验，对职业教育改革发展内涵不清晰，没有职业教育中十分重要的职业经历与体会，这就造成辅导员缺乏职业教育能力，不能依据职业教育培养目标，结合专业培养目标和职业岗位需求，构建有针对性的学生职业素养教育实践活动，无法真正深入参与到学生的实习实践活动中，引导学生形成良好的职业素养，形成诚实守信、爱岗敬业、勇于担当的职业道德，积极主动、精益求精的职业态度，做到"教育性"与"职业性"的有效融合。而且辅导员受制度限制，无法介入专业培养过程，不能在真实的实习实训、顶岗实习中零距离地解决学生的职业适应、职业期待、职业发展等思想问题。而参与实习指导的教师，受高校影响更关注实习就业率，他们在实习中更关注学生的职业技能，对于学生的思想问题和困惑关注较少。高职学生世界观、人生观、价值观尚未定型，受外界干扰，思想波动比较大，在学生实践过程中，专业教师和辅导员对学生的思想政治教育和职业素养教育出现脱节现象，将大大削弱高校思想政治教育的实效。

## 三、职业压力与个人职业成长诉求之间的矛盾

在 2020 年 4 月教育部等八部门印发的《关于加快构建高校思想政治工作体系的意见》中明确要求：完善高校专业辅导员职业发展体系，建立职级、职称"双线"晋升办法。高等学校应结合实际，按各校统一的教师职务岗位结构比例合理设置专职辅导员的相应教师职务岗位。专职辅导员专业技术职务单列指标、单独标准、单独评审，按助教、讲师、副教授、教授要求评聘思想政治教育学科或其他相关学科的专业技术职务。根据辅导员的任职年限及实际工作表现，确定相应级别的管理岗位等级。辅导员队伍建设可以"两条腿走路"，既可以走专业技术系列，也可以同时走行政职级系列，两全其美，左右逢源。"双线晋升"政策的出台体现出国家对辅导员工作重要性的充分肯定，是对辅导员"双重身份"认定的发展深化，是辅导员专业化、职业化发展的内在要求。一是可以通过创设良好的制度环境，吸纳更多的优秀人才加入辅导员队伍行列；二是充分尊重辅导员多元化发展需求，解决辅导员专业化、职业化发展的关键问题，消除职业困境，以期激励辅导员的职业忠诚度和职业满意度，从而进一步实现高校人才培养的目标。

从教育部 43 号令到《高等学校辅导员职业能力标准（暂行）》等文件政策的出台，每一步转变都为高校做好辅导员队伍专业化建设指明方向。尽管全国各地高校将辅导员队伍建设作为提升思想政治教育工作质量的重要任务，但部分高职院校对如何承接国家"双线晋升"政策文件指示、如

何根据学校现实情况定标现有规则并落实,还存在不少问题。例如,有些高校对于辅导员"双线晋升"政策的要求"反应慢",包括对辅导员队伍建设的制度和辅导员职称评定的办法未更新、未修订,不适用当前形势发展的需求;有些高校虽然制定了"双线晋升"的相关制度,但制度条文较为宏观,缺乏细致的操作规程,导致"双线晋升"工作落实起来有难度;有些高校未能吃透政策内涵,在辅导员职称、职务晋升条件和标准的要求上,没有凸显高职辅导员岗位的特殊性,没有依据高职辅导员岗位性质和实际工作特征设置相应的职称和职级晋升条件,而是依然参照普通本科院校或专业课教师的科研、论文数量作为评价体系,导致"单列计划、单设标准、单独评审"成为空谈;有些高校在"双线晋升"制度建设上,没有充分考虑辅导员岗位的特殊性而是和其他行政岗位对接、比较,担心辅导员"职级"待遇的落实影响整体行政队伍的稳定性,而使得辅导员"职级"晋升只成为政策文本;有些高校仅仅把辅导员队伍当作机关干部选拔的"摇篮",将辅导员职业发展引入学校机关的行政序列;还有很多高职院校"双线晋升"制度没有执行,导致辅导员在职称、职务晋升上平均水平不高,"科级+讲师"类型的辅导员在辅导员队伍中占比很高,对整支队伍来说出现了"上不去"和"扁平化"的现实问题。[①]

## (一)职称晋升方面

辅导员专业职称晋升是阻碍辅导员队伍整体建设的重要因素。各高职院校依据教育部43号令制定辅导员职称晋升条件时,对于讲师评定的条件比较低,使得辅导员相对容易获得讲师职称。但晋升讲师以后大多数辅导员就面临着职业发展的鸿沟,即处于高不成低不就的尴尬境地。对高职院校辅导员队伍职称结构的分析,可以看出辅导员中初级、中级职称占绝大多数,高级职称较少,正高级职称更少,职称结构极其不合理,不利于辅导员队伍整体的发展。

辅导员的双重角色定位,使得辅导员既承担着教书育人的工作,又承担着管理学生的工作。学生在校学习期间,无论是在校内上课还是校外顶

---

① 杨亚庚. 辅导员双线晋升的机遇与突破 [J]. 社会科学家,2014 (5):122.

岗实习，辅导员都要对学生负责，对其进行教育、管理与服务。"上面千条线，下面一根针"是辅导员真实工作的写照，学院所有与学生相关的事务都汇聚于辅导员这里。辅导员的工作常态是"5 加 2""白加黑""两眼一睁，忙到熄灯""什么事都可干，什么事都要干"的"24 小时不停歇"的模式和状态。高职院校生源结构的复杂性造成学生的教育管理工作相对于普通本科院校难度更大，辅导员需要应对更多无法预料的事件，一旦发生，辅导员必须第一时间赶到现场，并需要尽最大努力去解决，还需要事后跟踪，确保学生的身心安全。辅导员号称学校里最忙碌的群体，学校什么部门的事情都可以找辅导员，甚至学生饭卡挂失、不认识路线等琐碎的事务也会打电话咨询辅导员。再加上辅导员工作任务量与学生数量、结构分配不均，新媒体时代学生多样化的日常诉求，使得辅导员被动应对无限扩大的岗位责任。一名专职辅导员要负责上限为 200 名学生的安全、教育、管理和服务工作，而且很多学校在就业指导教师和心理指导教师的配备上都没有按照教育部的规定落实到位，这就大大增加了辅导员的工作量。辅导员工作的时空边界的模糊性，使得辅导员时刻处于紧张状态，工作强度和压力之大可想而知。

当前，高职院校普遍重教学、轻科研，对辅导员的科研能力的培养更是不重视。很少有高校选派辅导员参加国家级、省市级的课题申报培训工作，也没有对辅导员组织过相关的研究能力培训。辅导员实际工作的琐碎、弥散、持久与目前辅导员职称晋升中以发表论文、主持课题等学术研究工作需要聚焦和不间断关注形成冲突。理论研究是需要不断学习，静下心来分析和解决研究问题的，而辅导员经常处于一种"奔波"状态，很难从"动"的工作状态切换为"静"的学习状态，辅导员很难静下心来搞科研，达到工作与学习、实践与科研相结合的境界。而目前高职院校科研平台的现实匮乏、高校给予辅导员的支持课题力度还不够、辅导员科研能力的提升不到位、辅导员个体科研意识不强和投入不足等问题都大大弱化了辅导员的科研工作，使得辅导员科研方向不明晰、科研成果理论水平不足或实践意义不强。辅导员即使有研究转化成果，也只是一般工作总结，难以形成高质量的学术成果，很难达到高级职称评定的硬性指标。目前虽然辅导员职称评定单列，但科研成果要求只能是思想政治教育专业的。而很多辅导员的专业并不是思想政治相关专业，科研成果也更多聚焦于自己的本专业，那么辅导员职称评定只能按专业大类和专业教师一起去评，但科研成果和获奖成果又比不上专业教师，只能造成辅导员职称评定两头都难靠的尴尬局面。

### （二）职级晋升方面

很多高职院校尚未制定辅导员职级晋升的实施办法，在对国家"双线晋升"的政策落实不到位，存在"上热、中温、下凉"的情况。即使有少数高校制定了行政职级，但也存在具体操作难，在对辅导员职级晋升考核中，存在比较严重的主观性和片面性，不能全面、客观、公正地考核出辅导员工作的能力和水平，无法真正落实辅导员作为管理人员的职级发展。辅导员职级晋升受到人事行政岗位空缺的限制，晋升有赖于很多外部因素，即使有晋升的岗位空缺，选拔标准也较高、竞争也非常激烈。只有那些工作业绩有足够"显示度"的辅导员才能优先获得。对于庞大的辅导员队伍来说职级晋升只是小概率事件，通过行政路线实现职级晋升的人数比例较小，而且行政干部序列是典型的金字塔结构，越往上走岗位越稀缺、竞争越激烈。

### （三）绩效考核方面

由于辅导员工作没有严格的职业标准，其工作内容又零碎、分散，工作成果又具有内隐性和滞后性的特点。高校辅导员队伍尚未实现职业专业化，而且目前尚未建立具有权威性和指导意义的辅导员工作考核指标体系，这些都制约着辅导员专业水平和职业素养的提升。目前高职院校的考核方式差异悬殊，很多高职院校还未根据自身现实情况，构建起合理且能够凸显高职特色、契合辅导员岗位特征的多元复合化的辅导员工作质量考核评价指标体系和工作量化考核细则及实施办法。

一是存在对本科院校的路径依赖。高职院校辅导员的绩效考核体系应该是一个相对独立和完善的体系，但很多高职院校在绩效考核中依然照抄照搬普通本科院校的考核内容和考核指标体系，还有的甚至在晋升考核中不管辅导员实际工作业绩如何，而是依据在岗时间等一些单一指标完成

"一刀切"式的晋升管理办法。二是考核指标设置不科学。目前针对辅导员的考核内容主要包括"德""能""勤""绩""廉"等方面,"绩"的考核因为可以量化,所以相对容易,但其他几个方面的考核主观性太强,不容易量化。因此,很多高职院校在考核中加强了对"绩"的考核,用"绩"的考核来反推出"能"和"德",这种考核就使得对辅导员的全面考核变成了仅有的能力考核。一味强调量化的作用,而能够量化的指标多是可视的、显性的,这会让辅导员围绕着显性指标开展工作,力求达到立竿见影的效果。三是重共性、轻个性。考核过程中缺乏根据辅导员工作岗位、工作年限、完成任务情况、学生生源情况、工作重点和偏向进行个性化考核,而是基于相同的考核标准,这将使得辅导员的考核出现不公的情况。目前,针对辅导员的考核一般都是采取年终一次性打分的方式,这种以对辅导员工作的阶段性评价的方式与辅导员工作的长期性、滞后性、内隐性的特点是不相符的。辅导员工作过程的指标是动态变化的,一年后对辅导员的评价极有可能出现失真的情况,而且用静态的指标掩盖辅导员动态的工作过程,会打击辅导员工作的积极性和创造性。高职教育扩招,由于生源质量的不同,辅导员的付出也不同,用同样的标准去考核辅导员的工作必然有失偏颇。四是重部门考核、轻学生考核。目前对于辅导员的考核主要是学工部和院系的双重考核,院系直接参与辅导员的具体工作,能够真实地了解辅导员的工作情况。学工部负责辅导员的教育培养,对于辅导员考核也具有一定的发言权。但两者考核的权重分配还没有得到科学解决。在辅导员考核中落实学生评议有一定难度,因而就在考核中忽视学生主体作用,缩小学生评议比重。这必然使得评议效果受到影响。辅导员考核评价机制的失衡,工作业绩认定的模糊性和普惠性将导致辅导员群体对思想政治教育工作的积极性和主动性受到不同程度的打击,使得辅导员出现"考与不考一个样""干好与干坏也无妨"的消极心态,极大地挫伤了辅导员工作的积极性。

　　辅导员绩效考核本应该在体现公平、彰显业绩、激励成长的政策导向下,将竞争机制、退出机制和分级管理机制引入辅导员的专业技术职称评聘和干部职务晋级工作,实现"考核—改善—提升"的功效。但在辅导员实际考核中由于缺乏明确的考核标准和量化指标,这就造成对辅导员工作业绩的衡量认定难以细化和量化，更无法公平、公正、公开地对辅导员工作的实际情况和真实水平做出科学有效的评判，无法衡量辅导员工作实绩的好与坏，使得辅导员考核只是流于形式，没有真正发挥激励和反馈的效果。多数辅导员对职级晋升途径和结果的公平性产生猜疑和苛责，这将影响整体辅导员队伍的积极性和满意度。职称、职务金字塔的结构使得绝大多数辅导员处于职称和级别的底层，而高职院校又没有很好地把握人事管理工作规律以及科学轮岗制度，使得一些辅导员在同一个院系、同一个工作岗位工作 6 年、8 年甚至 10 年以上，进一步加深了辅导员职业倦怠的外部环境影响，阻碍了其职业成长的内生力和创新力。当辅导员自我感觉发展受限，将导致辅导员队伍人员流失、"虚位"或"错位"。很多高职院校把辅导员队伍作为党政干部和学校管理队伍的后备军来培养，导致一部分辅导员把担任辅导员岗位作为一种过渡，在职务获得"待遇"后，便缺乏进一步专业化、专家化发展的动力。同时，辅导员队伍的频繁流动也在很大程度上制约了大学生思想政治教育的连贯性和系统性，导致大学生思想政治教育出现断层，不利于整个队伍的长期稳定发展。

辅导员职业发展中的双轨定位，看似选择多元化，但实际面对"专业学科"和"行政归属"两大归属时，却出现"两头都难靠""两头都捞不到好"的归属困境。如果这一现象普遍存在且长时间持续，会阻碍双线晋升政策力求人才流动循环的目标，而且一定程度上破坏着辅导员队伍正常的动态运行。职业发展的受阻使得辅导员"逢优则转"，一旦遇到机会就转变为名副其实的"教师"或者"党政管理干部"，导致辅导员的流动越来越频繁，"流失率"越来越大。适度的人员流动会帮助组织新陈代谢，使组织避免老化，但过高的流动率，将影响学生工作的连续性和整个辅导员队伍的稳定性，造成士气低下、人力不足等问题，对辅导员的专业化、职业化建设形成制约。

# 第五章　高职院校辅导员队伍建设的推进策略

长期以来，高职院校辅导员没有明确的专业要求和发展路径，这一队伍的发展远远落后于高职教育的改革和发展。从高职教育"类型定位"的视域积极探索高职院校辅导员队伍专业化发展的路径。

## 一、明确角色定位，立足思想政治教育主业

思想政治工作是学校教育事业的重要一环，高校必须提高和重视对思想政治工作人才的思想认识，明确建设方向。党的十九大报告指出："意识形态决定文化前进方向和发展道路。必须推进马克思主义中国化时代化大众化，建设具有强大凝聚力和引领力的社会主义意识形态，使全体人民在理想信念、价值理念、道德观念上紧紧团结在一起。""要牢牢掌握意识形态工作领导权。"① 高校必须从坚持中国特色社会主义办学方向和实现中华民族伟大复兴的战略高度来认识思想政治工作的重大意义，从意识形态关系国家安全的高度来理解高等教育思想政治工作人才队伍建设的重要性和紧迫性。在加强新时代思想政治工作的背景下，作为学校思想政治教育工作队伍中重要角色的辅导员，要贯彻党的教育方针、落实立德树人根本任务，充分认识到自身在培养社会主义建设者和接班人，推进中国职业教育现代化中的独特地位和重要意义。高校要把立德树人作为辅导员队伍建设的基本目标和方向，让辅导员回归职业的本体规定性，牢牢掌握对广大青年学生的意识形态的领导权，始终把培养德智体美劳全面发展的社会主义

---

① 决胜全面建成小康社会　夺取新时代中国特色社会主义伟大胜利——在中国共产党第十九次全国代表大会上的报告 [M]. 北京：人民出版社，2017：41.

建设者和接班人作为根本任务和目标，把思想政治教育作为重要职责和首要使命。

### （一）加强顶层设计，明晰角色规范

高职院校要始终坚持把立德树人作为根本任务，把思想政治教育贯穿于教育教学的全过程，就必须明晰辅导员的角色规范。明确表述清楚辅导员的职业身份、角色定位、具体服务的工作场域和服务对象。明确限定高职院校辅导员做什么，做到什么程度；不允许专职辅导员做什么，应当怎么做。明确辅导员的权责，可以为辅导员角色扮演提供可靠遵循。

随着职业教育改革的深入和社会发展，高职院校辅导员的角色内涵更为丰富，角色责任也更为繁杂。关于辅导员的职业定位和岗位职责在制度层面虽然有明确规定，辅导员的角色定位是高校从事思想政治教育的骨干力量，是促进大学生成长成才为核心的教育者、管理者、服务者，辅导员的首要和根本角色是"思想政治教育工作者"，但在工作现实层面上，"上面千条线，下面一根针"，主业没做好，副业做不完，长期重复性和超负荷的工作强度却是辅导员工作最真实的写照。因此，高校必须解决辅导员队伍角色泛化、权责不明的问题。辅导员工作应然与实然的矛盾冲突已成为限制辅导员队伍专业化建设的重要矛盾。只有目标清楚、权责明晰、任务清楚、阵地明确，才能彰显出辅导员专业化的影响力。

1. 完善责任制度，明确思想政治教育的主业

高职院校要重视党中央对于辅导员队伍建设的相关文件精神的落实，把辅导员队伍建设提升到与教学科研工作同等重要高度来看待。重视辅导员的政治待遇，厘清辅导员的角色定位、岗位职责和工作边界，不再让辅导员游弋于教师和行政管理干部之间，改变对辅导员管理"重用不重管"，只强调辅导员行政工作完成情况，而忽略对辅导员在教育教学、科学研究等方面的培养。高校要保证辅导员回归其本职、承担其责任、发挥其理论教育和价值引领的直接优势，为保证高等职业院校培养高素质的大国工匠、能工巧匠的目标贡献力量。同时从高校领导、职能部门到专业教师形成共识，真正改变只要学生有问题就是辅导员有问题的错误认识，从而减轻辅导员承担的大量职责范围之外的责任与压力。高校要依据教育部关于辅导

员队伍建设的相关规定和文件要求，从实践层面精准定位辅导员职责范畴、服务对象、权利和义务、时间投入等内容，形成配套的制度保护与保障，从而确保辅导员权责匹配，让辅导员回归思想政治教育的主业。明确思想政治教育和价值引领、塑造学生的思想品格是辅导员最重要的职责和最根本的任务，坚持做好辅导员职责所规定的"应然"，促进辅导员职业认同的提升。同时，学工部门和各学院分管学生工作的干部要将制度挺在前面，要为辅导员群体实现个人价值和社会价值打通发展通道，做好辅导员接受指令和开展具体工作的保护和指导，保证辅导员能够将主要的时间和精力投入到思想政治教育工作中去，能够时间、精力充沛地，理直气壮地开展思想政治教育工作。对学生深入开展马克思主义理论教育，引导大学生树立崇高理想，坚定理想信念，树立正确的世界观、人生观、价值观，培养学生成为拥护共产党领导和社会主义制度的高素质技术技能人才、能工巧匠、大国工匠成为辅导员岗位的首责主业。

2. 发挥先进典型引领作用，提高职业认可度

通过多种方式加强对先进典型的宣传与传播，注重发挥先进典型的引领作用，营造尊重辅导员、认同辅导员的良好风气，从而使高校内部各类行政、专技、教辅和全体师生充分正确认识到辅导员职业的重要性、专业性和不可替代性，使得辅导员岗位在高职院校岗位类型中具有较高的认可度和美誉度，让广大辅导员安心从教、舒心从教、静心教育。同时，高职院校可通过实施"新进教师必须有辅导员经历"等措施，引导广大教师通过亲身实践和体验辅导员工作，认识到辅导员工作在促进学生树立坚定理想信念和健康成长成才中的重要作用，转变"辅导员工作可有可无""谁都可有干"的观念，强化对辅导员岗位的认可度。同时要尊重辅导员的潜能、经验、创造力和自我意义的实现，积极为辅导员的生活和工作创造便捷条件，改善生活待遇和工作条件，这样才能让辅导员产生强烈的职业责任感、认同感，从内心热爱和敬畏本职工作，增强群体归属意识，以激发辅导员的职业精神和情感。

3. 厘清各职能部门的责任，规范工作流程

高校要完善各职能部门的岗位职责，构建起辅导员与非学工部门的协同工作系统。解决辅导员多头领导，进一步理顺工作对口关系，这样才能

进一步明确辅导员的工作界限，理顺辅导员与各职能部门之间的关系，尽量避免辅导员直接面对行政部门领任务的现象。同时，高校要完善学生管理和服务的制度体系，建立起学生与职能部门的直接关系，如建设好"学生事务服务大厅"和线上"电子服务一站式办事平台"等。这样可以减轻辅导员事务性服务工作成本，精简各行政部门对辅导员职业角色期待所引起的工作压力，把那些本不应该由辅导员承担的事务性行政工作剥离干净，从而在制度层面对辅导员的双重角色给予制度"保护"，帮助辅导员走出事务性工作困境。辅导员只有目标明晰、任务清晰、阵地明确才能把更多的时间和精力"归还"给思想政治教育和价值引领工作，才能彰显出辅导员职业的专业属性。

## （二）强化角色认同，增强专业发展内驱力

辅导员的自我职业角色认同及清晰的自我定位是保证其个体内部专业化发展的重要动力，即辅导员的专业化建设与发展是建立在角色认知基础上，在其"职业锚"形成并拥有相对稳定的状态基础上。辅导员个体要认知角色的重要性和辅导员的职业意义，站在"培养什么人，如何培养人，以及为谁培养人"这一高度来客观看待辅导员在高校日常思想政治工作中的地位。辅导员角色的政治性与特殊性决定了其角色是任何职业不可替代的角色。辅导员要自觉履行"思想政治教育和价值引领"的职业使命，要努力成为先进思想文化的传播者，党执政的坚定支持者，更好地担负起学生健康成长指导者和引领人的责任。① 辅导员在任何时期，都要把立德树人贯穿教育的始终，以理想信念教育为核心，把思想理论教育和价值引领工作作为辅导员工作的核心要义，将其置于先导地位，自觉提升职业使命感和身份认同感，树立主人翁意识，建立强烈的专业意识，要坚定不移、不折不扣地贯彻落实好习近平新时代中国特色社会主义思想，不断优化自身的管理理念和教育目标。

辅导员要拥有强烈的身份认同感和自我角色感，并对此建立强烈的专

---

① 习近平在全国高校思想政治工作会议上强调：把思想政治工作贯穿教育教学全过程 开创我国高等教育事业发展新局面［N］. 人民日报，2016－12－09 (1).

业意识，将专业化发展视为自身职业生涯发展的重要目标是辅导员实现专业化内涵式发展的一股重要推力。针对现实工作中出现的角色模糊、角色冲突问题，辅导员需要从立德树人根本任务、新时代高校思想政治工作目标出发，通过目标来进行有效调节。在目标实现过程中，通过协调长期目标、小目标、阶段性目标之间的先后次序和程度，来分清工作的重要和缓急程度。同时要学会正确认识和处理不同主体的角色期待带来的角色冲突，依据自身的实际情况促进协调，理清职业边界和各行政主体之间的关系，聚焦引导大学生成长成才的教育实践，增强专业化、职业化发展的主动性和内生动力。在协调角色预期与角色认知的过程中，做到既目标明确，又灵活实践。

## 二、完善培养培训体系，立足高职教育实际

在深化高等职业教育改革，提升职业教育高质量内涵式发展，更强调培养高素质大国工匠、能工巧匠，鼓励学生全面发展和个性化发展的背景下，高职院校辅导员队伍的培养培训已成为解决辅导员队伍建设专业化、职业化矛盾最有效的办法，成为辅导员提升个人能力素质的规范化、科学化、有效化的必由之路。高职院校必须基于职业教育人才培养目标和高职院校辅导员核心能力的实际要求，构建与国家辅导员队伍建设政策和高等职业教育发展目标、宗旨相契合的分层次、多形式、重实效的辅导员培养培训体系，这样才能打造出一支极具战斗力、创新力和凝聚力的辅导员队伍，才能保证高职院校辅导员队伍优化的效果。

### （一）锁定核心能力，完善培训内容

高职院校要把辅导员的培养培训纳入师资培训规划和人才培养计划，在把握《普通高等学校辅导员队伍建设规定》工作职责培训导向基础上，根据职业教育类型特征、高职学生群体特点逐步构建以提升辅导员职业核心素养为目标的培训理论框架，不断完善高校辅导员岗位培训机制体系。辅导员工作的核心能力不是日常事务管理中所体现出的通用能力和一般能力，而是在辅导员能力整合基础上经过深层次的剖分、提要、凝练、叠加

而形成的综合性深度能力,是能够保持辅导员长久竞争力和高效完成工作任务的立足点,是隐含在辅导员工作实践中的关键品质和重要能力,是区别于其他职业的最具价值性和不可替代性的特殊专业能力。聚焦高职院校辅导员核心能力的提升,从核心能力特性角度出发,提升辅导员的职业核心能力,可以增强辅导员职业的社会认同,提升辅导员的职业地位和职业公信力。

1. 思想政治教育理论素养

高校要把立德树人作为教育的根本任务,把社会主义核心价值观教育贯穿于教育教学的全过程,要把提高学生的政治觉悟和政治能力贯彻辅导员教育培养培训的全过程。过硬的思想政治教育能力是辅导员职业的基础,是发展高素质、高质量辅导员队伍的前提和保障。习近平总书记强调:"理论上清醒,政治上才能坚定。坚定的理想信念,必须建立在对马克思主义的深刻理解之上,建立在对历史规律的深刻把握之上。"① 对辅导员思想政治教育理论素养的培养中要"坚持政治性和学理性相统一,坚持价值性和知识性相统一"②。辅导员作为组织实施大学生思想政治教育工作的骨干力量和一线人员,特别是在专业背景非常复杂的情况下,辅导员必须接受专业的、系统的思想政治教育理论武装,这样辅导员才能真懂、真信、真用马克思主义理论,真正发挥出辅导员在立德树人中的实效。辅导员工作是一门科学,辅导员要走专业化、职业化道路,必须加强思想政治理论学习,要以科学的理论作为工作实践的指导,真正掌握以理服人的思想武器。这样才能保证辅导员的思想政治教育不会成为空洞的理论说教,真正达到说服人、教育人的思想政治教育效果。

理论思维是运用理论进行的思维方式,是用概念、判断、推理等形式把握事物发展的内在联系和规律的思维方式。毛泽东同志认为:"认识的真正任务在于经过感觉而到达于思维,到达于逐步了解客观事物的内部矛盾,了解它的规律性,了解这一过程和那一过程间的内部联系,即到达于论理

---

① 习近平谈治国理政:第2卷[M]. 北京:外文出版社,2017:35.
② 习近平主持召开学校思想政治理论课教师座谈会强调:用新时代中国特色社会主义思想铸魂育人 贯彻党的教育方针落实立德树人根本任务[N]. 人民日报,2019-3-19(1).

的认识。"① 高职院校辅导员队伍要实现专业化发展，就必须从理论层面把握思想政治教育规律、高职学生心理成长规律和辅导员工作的本质，把思想政治教育工作看作一个体系和结构，能从现象中寻找到本质、从个别中发现一般，从特殊中看到普遍性，能在学生日常的事务性问题中找寻到思想政治教育的契合点，从而促使辅导员脱离就事论事浅层次的以问题解决推动工作的模式，从事物的内在规律和必然联系中认识问题和处理问题，达到对事物本质和规律的认识高度。

第一，要增加辅导员理论素养的知识培训内容。首先要为辅导员提供系统完整的马克思主义理论以及习近平新时代中国特色社会主义思想的理论知识培训，真正使辅导员能够学透彻、讲明白马克思主义基本原理和习近平新时代中国特色社会主义思想。辅导员宣传阐释党的理论的成效直接决定着立德树人根本任务的实现程度，决定和影响着高校人才培养质量。辅导员要从习近平总书记系列重要讲话中找依据、找指南、找信心，提高自身的理论水平，同时加强党的基本理论教育和党性教育。辅导员要研读经典、原著，把握思想史、学术史，努力寻找理论资源，彻底掌握马克思主义理论中每一个原理的核心要义和发展脉络，真正掌握以理服人的思想武器，善于把政治理论学习成果转化成强大的工作动力，使马克思主义思想成为辅导员队伍建设的"压舱石"，使得辅导员成为理论之师，在关键时刻不会"缺位"，不会"失声"，牢牢掌握住思想政治教育的话语权。同时，辅导员要认真学习习近平总书记系列重要讲话精神，要学准、学深、学透，"不仅要从习近平总书记系列重要讲话中找依据、增信心，而且要研究制定落实措施，把讲话精神具体化、项目化、实体化，真正落实到人才培养的全过程和各环节"②。这样才能增强广大辅导员对中国社会的思想认同、理论认同、情感认同，才能真正实现辅导员对学生思想政治教育和价值引领的作用。如果辅导员对思想政治理论的认知不深刻、不到位、不准确，将会导致在对学生开展思想政治理论时断章取义，甚至出现歪曲、错误、教条化的现象，影响思想政治教育的价值导向和实际效果。

---

① 毛泽东选集：第 1 卷 [M]. 北京：人民出版社，1991：286.
② 杜玉波. 提升理论素养增强职业能力切实加强高校辅导员队伍建设 [N]. 中国教育报，2016－06－06.

　　第二，要立足工作实践，培养辅导员在日常教育与管理中理论的敏感度和理论的概括力和阐释力，深化实践活动的理论内涵。要加强训练，强化理论思维的运用能力，在各种训练中，形成范式的思考思想政治教育的思维，不断提升运用理论思维指导教育实践的自觉性和能动性。一是要抓好对高职学生开展思想政治教育工作的时机，抓好重要节点、关键事件，着眼于事，以事促化。二是要从高职大学生实际出发，辅导员开展的思想政治教育不能脱离高职学生生活和高职学生特点，要符合高职学生需求，从实际出发，要以高职学生能接受和理解的方式有针对性地传道授业解惑，这样才能把思想政治教育做到实处，做到学生心间，达到入耳、入脑、入心，达到内化于行的效果。三是要在学生工作实践中做到知情意行的统一，辅导员开展思想政治教育工作必须注重认知、情感、态度和行动的交融，找准高职学生情感的"触发点"和思想的"共鸣点"，帮助高职学生系好人生的第一粒扣子，当好学生人生的引路人。同时，辅导员在理论运用、理论反思中挖掘出理论背后蕴含的科学世界观与方法论。针对新时代社会价值选择的自由化、多元化，辅导员在日常的工作实际中，不能只是简单模仿，而是需要进一步破解高职学生遇到的点滴而非线面、局部而非整体、单一而非系统的问题、困惑，需要运用更广阔的思维视角去认识、反思、积累、实践，提升思想政治教育工作的针对性和实效性，在知识学习、价值思考、实践运用中不断提升理论的实践厚度。在总结的过程中，辅导员要把零散经验升华到科学规律，把特殊性上升到普遍性，在实践中形成概括性、逻辑性和理论性的经验。辅导员要把理论思维培养的成果转化，要用科学严谨的学术成果展示出辅导员理论培养过程，为辅导员专业化提供理论借鉴。这样辅导员就能在日常思想政治教育和管理工作中掌握主动权，在实践中修炼出辅导员开展思想引领和育人活动的最重要的"武器"，把思想政治教育真正做深、做细、做透。

　　第三，要以培养高素质技术技能型人才、大国工匠、能工巧匠为目标指向。辅导员要立足思政教育的应然诉求和学生的成长需求，引导学生树立远大抱负和宏伟目标，以健康的、主流的、向上的价值观为指引，在应对传统与现代、理想与现实等激烈碰撞时，保持理性，将各种消极的不利于大学生成长的不确定的功利性因素排除在外，能将个体的全面发展与新时代发展同频共振，做德智体美劳全面发展的时代新人和实现中华民族伟大复兴中国梦的奋斗者。新时代，辅导员要站在为谁培养人、培养什么人、怎么培养人的高度和大局上，把思想政治教育和价值引领放在职责的第一位。在教育、管理与服务学生的过程中，辅导员要以党团班级建设、学风建设、日常事务管理及各种媒介为载体，开展多种形式的理想信念主题教育活动，将千千万万中国共产党人坚守理想信念、爱国报国的事迹讲给学生听。

2. 职业教育能力素养

高职教育的属性特征和培养目标决定了辅导员在学生教育和管理上与普通教育有着本质区别，他们承担着培育学生养成严谨专注、敬业专业、精益求精的工匠精神的重任。

首先，高职院校要加强辅导员对职业教育的认知培训，包括国家关于职业教育改革的重大决策文件，如《关于加快发展现代职业教育的决定》《现代职业教育体系建设规划（2014—2020年）》《中国制造 2025》，以及国内外职业教育思想和发展历程，职业教育"校企合作"办学模式、"工学结合"人才培养模式、"理实一体"教学模式、"双师素质"队伍建设和"顶岗实习"学习方式等内容，不断培养和提升辅导员的职业教育能力和专业理论水平。这样辅导员才能在教育实践中帮助学生了解职业教育，了解技能型人才在社会主义建设中的重要地位和贡献，帮助学生树立争取的成才观。

其次，高职院校要以职业需求为导向，切实加强辅导员对工匠精神、劳动精神、创新精神等职业素养的认知培训，提高辅导员对学生职业素养的提升与企业行业岗位对职业素养需求之间的契合度，把学生培养成符合区域产业转型升级的高素质技术技能型人才。同时要以产业发展前景、职业发展、企业人才需求、就业择业、学生成长难点问题等为主题，开展辅导员职业教育能力的培训。依据职业院校学生就业取向强的特点，对辅导员的培训培养要在注重知识储备和技能培训的基础上，关注对辅导员的社会实践能力的培养，使辅导员掌握实践导向更强的技能，如团队协作能力、语言表达能力、问题解决能力、组织管理能力、自我管理能力和教育科研能力的训练。

最后，辅导员要在工作实践中，根据高职教育的特点，构建适应学生个人发展、社会发展需求，契合高等职业教育人才培养目标的学生职业核心素养培养。通过职业核心素养培养这一桥梁，发挥出辅导员在高校人才供应链与社会需求链之间的衔接作用。在工作实践中，辅导员要依靠专业知识、专业能力激发起学生对自我职业发展需求的主动认知，围绕学生具备的关键品质和核心能力来展开工作，通过主题教育活动引导学生理解企业文化，了解企业的运行方式，认同和执行企业对员工职业道德、职业态度、职业能力等方面的具体要求，接受辅导员职业素养提升的活动训练，从而推动了学生与企业的"零距离"对接，为学生提升职业核心素养提供支撑和保障，为学生未来顺利就业、提升核心竞争力打下坚实基础。同时，辅导员依据职业教育属性，侧重实践和探索与职业相关的心理咨询、职业生涯规划、生活适应、学习能力提高、活动组织、企业文化渗透等工作内容，充分适应高职教育的要求。

3. 媒介素养的培训

2016 年习近平总书记在全国高校思想政治工作会议上进一步强调，"要运用新媒体新技术使工作活起来，推动思想政治工作传统优势同信息技术高度融合，增强时代感和吸引力"①。在《高等学校辅导员职业能力标准（暂行）》中明确将网络思想政治教育作为辅导员开展大学生思想政治教育工作的职业能力之一。高职院校辅导员需要不断提高自身的媒介素养，能够适应网络时代思想政治教育的新变化、新要求，熟练运用新媒体技术开展好思想政治教育和价值引领工作，真正占领新媒体的思想教育阵地，牢牢把控住网络话语权。

对于成长在新时代的"00 后"大学生，他们具有较强的主体意识和网络信息技术运用能力，新媒体的发展为学生提供了一个博大的信息资料库，其开放性、共享性、娱乐性的特征满足了新时代青年交往的需求。新媒体技术的发展能够激发他们网络政治参与的热情，赋予他们张扬政治个性的空间，较好地满足了"00 后"大学生的政治需求。但我们也应该看到，随着现代信息技术的普及，网络已成为国内外思想文化交流、交融、交锋的

---

① 习近平谈治国理政：第二卷［M］. 北京：外文出版社，2017：377—379.

重要战场。西方一些发达国家借助信息技术优势、话语霸权、价值包装等隐蔽性的伎俩不断对大学生进行文化和思想渗透，而这种渗透就是以网络语言为表征的意识形态的较量。网络语言作为一种新型的网络生活交流形式，通过各种虚拟平台，将各种非主流、错误的社会思潮倾入学生的学习生活，时时刻刻都在影响着大学生的认识判断和价值观。大学生正处于世界观、人生观、价值观形成和完善的关键时期，繁杂的网络信息充斥着庸俗媚俗的网络语言、不良的价值观念和错误的社会思潮，对于辨识善恶、真假能力还不强的大学生群体具有很强的冲击力，他们很容易受到影响而表现出非理性化、极端化的网络政治言语。新媒体的发展大大削减了传统思想政治教育的吸引力和有效性，使得高校思想政治教育话语面临着空间被边缘化、弱化，话语权被消解的危机。

如何在网络话语中对西方社会思潮和意识形态进行批判，做强主流舆论，维护社会主义意识形态安全，增强思想政治教育的科学性、感染力和有效性成为新时代辅导员开展思想政治教育的一项重大课题。

辅导员作为高校落实立德树人任务的重要力量，担负着对学生开展马克思主义教育、倡导社会主义核心价值观和维护国家意识形态安全的重要职责。辅导员要提升自己对学生所熟悉的新媒体载体的操作能力，以及依托新媒体与学生沟通的能力、舆情研判能力和创新思想政治教育的能力。实践证明，高校辅导员如果不提升网络思想政治教育能力，只是简单照搬行政或学科话语，势必使辅导员陷入"话语霸权和话语失语"并存的尴尬境地，势必就会造成网络思想政治教育话语权的旁落，进而削弱高校立德树人教育工作的实效性。新时代所呈现出的网络化、数据化、智能化的时代特征为辅导员开展思想政治教育提供了新的话语场域和话语方式，但同时由于社会主要矛盾的转化、新媒体所呈现出的开放多元的话语语境，也使得高校辅导员思想政治教育话语面临着内外部的双重深刻挑战。辅导员必须掌握网络思想政治教育话语的主动权、主导权和控制力，深刻理解网络思想政治教育话语是语言符合系统和价值观念系统的统一，在运用思想政治教育话语表达内容的同时对新时代思想政治教育面临的新老问题进行有力回击，在日常思想政治教育中帮助学生构建起以马克思主义思想为基础、以社会主义核心价值观为主流意识形态的思想政治教育话语体系。

辅导员需要在夯实思想政治理论素养的基础上，提高信息识别、媒介参与运用、网络舆论引导和教育的能力等，实现思想政治教育传统优势与信息技术的高度融合。掌握网络话语权是辅导员开展网络思想政治教育的重要举措。对于辅导员来说，"政治引领者"的角色定位和职责决定了其政治引领既是权利也是义务。在 2020 年突如其来的新冠肺炎疫情影响下，教育主体与教育对象实现了交流方式的转变，教育对象不能面对面接受教育主体的思想引领，只能在网络空间中进行自我心理调适，这更加凸显出网络思想政治教育的重要性。随着大学生日渐活跃的网络政治参与，辅导员的政治引领工作必须超越时空界限，主动占领网络思想政治教育新阵地，形成网络政治引领话语权。在互联网的时代背景下，高校辅导员要发挥自己的专业优势，把在现实生活中开展思想政治教育的有效途径拓展、延伸、渗透到网络思想政治教育中，发挥新媒体网络沟通的优势，利用好网络信息技术，将社会主义核心价值观真正融入微信朋友圈、QQ 空间、抖音等大学生常用网络载体中，形成网络政治引领话语权。因此，辅导员要充分运用媒体技术使网络思想政治教育和价值引领工作活起来，主动抢占网络重要阵地，牢牢掌握网络思想政治教育的话语权。

一是要在网络阵地中，积极弘扬主旋律，传播正能量，维护好网络政治引领话语权利。辅导员要正视当前高校思想政治教育的"新生态"，把提升运用网络思想政治教育能力作为一项重要而紧迫的政治任务，要学会运用新媒体、新技术、新语言，主动作为、主动出击，牢牢掌握网络思想政治教育的主导权和话语权，要坚持"生活第一性"原则，自觉关注学生的现实生活，全面了解新时代学生的思想、价值观、性格和行为特征，了解学生关注的热点事件、焦点问题以及普遍感兴趣的话题，把握时代特征，及时关注并捕捉学生在网络中的思想动态以及大学生诉求的变化规律。根据以上情况，辅导员要做出教育工作的适时、适度的调整，对学生的价值诉求进行精确引导，用大学生熟悉的话语表达方式和熟知的网络交流互动形式与其建立起情感联络，根据学生关注的网络热点进行主动回应，积极打破话语壁垒，从而赢得学生的亲近认同，建立网络的情感联结。辅导员要把贯穿于中华民族发展的深切文化底蕴和民族精神与学生的日常生活融为一体，建构起既有主流价值观的思想引领又有热点事件的追踪评析，既有"大英雄"的英勇事迹又有"小人物"的温情故事的与学生需求联合的"接地气"的思想政治教育内容。辅导员用"键对键"的网言网语,使得教育既有理论高度和深度,又有历史广度和生活维度,使得思想政治教育紧贴学生生活目标,充满学生生活气息,从而满足学生内在的精神和价值诉求,提升思想政治教育的实效。

二是要运用好网络政治引领话语权力。高校辅导员在开展网络政治引领工作中必须时刻保持自己的政治属性和教育属性,准确把握新时代大学生知识获取、信息传递、思想交流的新特征,要旗帜鲜明地讲政治、讲立场,不断提升在网络空间立德树人的工作本领,结合国情、省情、校情、学情开展网络思想政治教育,既要保持严肃性,又要增强感染力,让自己的话语能够真正具有感染力和信服力,以帮助大学生树立正确的世界观、人生观和价值观,进而使其成为社会主义现代化事业的合格建设者和可靠接班人。

三是要增强网络政治引领话语能力。辅导员要对学生网络信息痕迹进行跟踪,从学生碎片化信息中发现苗头和倾向性问题,能识别出学生错误的价值观念和不良的立场、观点。对于学生错误的观点要敢于亮剑,进行正面回击,增强主动性和引导力。辅导员要加强对学生社会思潮知识的普及,增强其判断力,同时围绕着理想信念教育、社会主义核心价值观教育,弘扬中华民族优秀传统文化、革命文化和社会主义先进文化,用正确的思想理论对学生的思想和价值进行引领,帮助学生明辨是非、澄清谬误。辅导员要主动占领微信、微博、短视频等新平台,通过线上线下思想政治工作的融合协同,使学生在潜移默化中接受思想洗礼和政治熏陶。

四是要提高对意识形态热点难点问题的解析能力。互联网已然成为大学生最重要的沟通工具和典型特征。在互联网"观点自由的市场"里,当海量信息扑面而来,面对纷繁复杂的社会现象,大学生的世界观、人生观、价值观受到严重的冲击。高校辅导员要自觉掌握网络发展规律、意识形态理论、意识形态发展规律和意识形态工作等方面的知识,提高自身胜任网络思想政治教育的能力,时刻保持警惕警醒,认清网络意识形态工作的极端重要性和复杂性。辅导员要学会从网络碎片化信息中发现苗头性、倾向性问题,增强自身对社会问题、难点问题、学生关注热点问题的观察力、判断力、说服力和解释力，根据教育对象特征和需求，对学生的思想观念进行精准化解析。

## （二）运用"理实一体"理念，完善培训方式

辅导员专业培养培训存在两种模式，即对辅导员内在的自我教育和对辅导员进行外在的培训培养。

### 1. 培养培训聚焦内生动力

辅导员培养培训应更加突出辅导员在专业化发展中的主体地位，提高职业认同，提升其主动成长、主动学习意识，最大限度地将辅导员的发展驱动力与制度的外在要求结合，从而促进辅导员积极进行自我学习和自我提升。个人的主观努力是实现辅导员核心素养提升的根本，也是实现职业成长的原动力，只有将职业学习培训融入辅导员个人成长学习系统中，才能全面有效地提升辅导员的职业胜任力和职业竞争力。

辅导员的培养培训要改变以往一味强调向辅导员"灌输"理论知识和专业技能的被动式、接受式的能力建设培训模式，要更注重辅导员内隐性的思想建设，唤起辅导员的主观能动性和进行自我专业提升的内在动力。在培训中强化辅导员的职业认同，帮助辅导员树立职业使命感、责任感和自信心，强化职业专业化、职业化发展的自主意识和内在动力。将对学生开展思想政治教育作为自己奉献能力的重要使命，并自觉加强理论素养的提升，树立主动学习、终身学习的理念。立足学生群体，时刻了解和关注学生的焦点和热点问题，不断根据学生的诉求来调整、补充、更新自己的知识结构，重建自己的知识体系。能够运用新思维、新方法、新手段，解答学生成长成才中遇到的各种矛盾和困惑，成为学生真正可信赖的人生导师和知心朋友。辅导员站在思想政治工作的理论前沿，要沉下心来不断加强学习和实践，组建研究团队、开展专项研究、交流协同创新，在日常工作中带着问题开展调查和研究，做到"工作中研究，研究中工作"，把日常的工作积累和理论研究融合起来，在思辨研究中推动、激励辅导员工作的科学性、合理性和专业性，形成辅导员工作的精品项目等具有理论价值和实践应用成果的科研成果。这样辅导员才能像专家一样发挥专长，成为学生真正的引渡者和启蒙者。

辅导员要在工作中有强烈的紧迫感和不甘落后的精神状态，主动对标一流，能够结合自身专业、兴趣和优势、不足等情况，不断地自我探索、自我成长、自我反思，主动探索专业化、职业化发展的目标和方向，有针对性地设定自己的职业发展方向和目标，不断激发工作潜能，充分发挥主观能动性和创新能力，形成并提升思想政治教育工作能力的自觉意识，主动完成职业能力的优质输入，将先进的教育管理理念和方法应用于学生的教育、管理、服务工作中，增强辅导员职业能力提升的可持续性，形成自己的工作风格，最终实现组织要求与个人目标的有机统一。

2.培养培训坚持理论实践研究相结合

根据高等职业教育的属性特征，将辅导员核心职业能力培养分为思想理论、实践操作、行动研究三个模块，把提高辅导员思想理论的敏感度、政治辨别力和思想引领力与理论实践、理论反思相结合，在探究"原理""实践""反思"有机结合中，形成实践性、行动性研究成果，不断提升辅导员科学化工作水平。要在培养培训中把政治性、理论性强的内容讲明白、讲深刻，把重点问题、难点问题讲透彻、讲到位。同时要增加实践环节，综合运用情境教学、实践教学、案例分享、头脑风暴沙龙等方式方法，增加体验活动，提升培养培训的参与度和实践度，在参与实践中真正让辅导员做到知行合一，能将理论与实际问题结合，从而使得培训学习由消极被动转化为积极主动，提升培训效果。

在培训目标上必须以辅导员核心素养为切入点，以辅导员专业化、职业化为面向。培训内容上强调理论与实践、全面提升与术业专攻、能力进阶与有序衔接相结合，考虑到不同层次、不同发展阶段辅导员的成长发展需要和层次，构建起分类分层的辅导员培养培训体系，切实照顾每一位辅导员的现实需求。根据《高等学校辅导员职业能力标准》中初级、中级、高级的辅导员职级定位，重新梳理辅导员职业知识和能力结构，明确高职辅导员培养培训工作实施的具体标准，依托课程模块、实践模块、研究模块，对辅导员进行全生涯、全业务、全方位的理论教学和实践指导，制定出辅导员职业成长不同阶段、不同层级，个性鲜明、导向明确、重点突出、合理完善的辅导员系统化培养培训方案，根据组织或个人职业需求开展有针对性的培养培训。

　　对刚入职的辅导员注重职业认同、通识技能和职业伦理与规范的培训。对初级辅导员的岗前培训和日常培训，在了解学生、认知岗位，以及提高适应岗位通识能力的基础上，全面提高辅导员职业基础技能，为职业发展夯实专业基础；对于中级辅导员，在涵盖初级辅导员职业标准能力要求的基础上，对辅导员各项职业能力有更高的要求。打破"条块分割，以块为主"的形式，建立起"条块分割，以条为主"①的格局。在专业基础能力提升的基础上，加强专业定向培训，依据辅导员的个人专业、性格特点和兴趣专长进行专业定向培养。通过建立思想政治教育、心理健康教育、职业生涯规划与就业指导、网络思想政治教育、班级日常管理、职业教育在内的专业辅导员岗位，让辅导员寻找适合自己的工作方向，从而进行专业定向。这样可以让辅导员工作职责由"粗放型"向"精细型"转化，从而实现辅导员"一专多能"术业有专攻的培养目标，满足辅导员多样化、个性化发展的需求；高级辅导员主要是对那些专业素养和专业能力突出的辅导员按照专家化辅导员来培养。在促进辅导员实现专业化发展的基础上，对于辅导员中的骨干要努力将他们培养成为思想政治教育某一领域的专家，在学习资源方面给予倾斜配置，要不遗余力地把他们"树"起来，提升其专业能力和全局意识。高级辅导员应该具备扎实的思想政治教育理论基础和过硬的科研创新能力，而且能够通过熟练运用理论指导初级和中级辅导员开展工作，做好"传帮带"的工作，发挥出专家型辅导员的示范引领作用。

　　3. 培养培训全程化

　　高校辅导员工作是社会职业分工中一个需要多门专业知识和技能支撑，而又自成专业体系的社会职业。从辅导员专业化发展角度来考量，组织培养培训应贯穿于辅导员职业生涯发展的全过程，构建起培养、完善与提升一体化的辅导员"三段式"贯通的能力提升培训保障体系。一方面，要推进辅导员的岗前培训。上岗前要系统传授辅导员工作的基础知识、基本技能技巧及实务经验等，严格实行"先培训，再上岗"，只有培训合格，符合

---

　　① 吴荷平，顾现朋. 高校辅导员职业高原的成因及路径优化 [J]. 思想政治教育研究，2014（12）；128—131.

辅导员岗位基本能力要求的才能上岗。岗前系统的职业知识和职业认知的集中提升，能够消除辅导员职业不适，促进辅导员全面认识职业，了解职业内容，将个人职业规划与岗位需求相匹配，坚定职业选择，帮助辅导员搭建起职业能力提升的第一层台阶。另一方面，要重视对辅导员在职持续培训指导。在职专业培训是保障辅导员职业有针对性、系统性、专业性的提升的重要过程。高校要抓好工作节点，精准了解辅导员的职业发展需求以及不同时代、不同年级、不同专业学生的教育问题，有针对性地做好辅导员职业能力提升体系建设。也可通过实施"导师制"，安排在辅导员岗位有较强职业认同和职业能力的"前辈"与新入职的辅导员形成"师徒"关系，构建起辅导员阶段化成长帮扶团队模式。按照辅导员个体不同专业化发展意愿给予个性化的定向培训培养资源供给，加强对年轻辅导员个体职业生源的跟踪培养和动态指导，定期开展研讨以解决阶段性工作问题，从而达到促进能力提升的目的。同时要安排辅导员进行脱产和半脱产培训学习，实施包括课堂讲授、网络培训、小组谈论、案例分析、工作坊、教学实践、考察交流和素质拓展等多种形式的培训学习来强化辅导员的理论学习和业务能力。此外，还要加强学历进修培训，鼓励更多辅导员在做好工作的基础上攻读思想政治专业（高校辅导员专项）博士，去高水平的大学学习学生思想政治教育及学生事务管理的成功经验，并结合职业教育特点转化为促进高职学生管理的有效经验。

在做好专业化培训的同时，还要注重辅导员的日常培训和团队建设，学校要组织辅导员定期进行业务学习，通过多渠道、多形式开展沉浸式学习，根据辅导员的九项岗位职责定期开展培训解决学生工作中出现的新问题。同时要注重打造辅导员团队，围绕着团队建设要素和特征，团队目标的一致性、团队成员技能的互补性、团队绩效的共享性来涉及辅导员的培训，从而实现辅导员团队建设的实力。

4. 培养培训注重效果评估

高校要注重对辅导员培养培训效果的跟踪和评估。培训学习的效果主要参照辅导员的主观评估，对学习、培训效果的评估可以从反应层面、学习层面、行为层面和结果层面展开。反应层面的评估是辅导员对培训活动效果的整体感受、整体满意度的评判；学习层面主要是指辅导员通过培养培训后在知识与技能、过程与方法、情感态度与价值观层面的收获和感受；行为层面是指辅导员接受培训后对知识的转化和实践程度，能否将所学运用于工作实践，并分析其与培训的相关性；结果层面是指在参加培训后，能够实现的最终结果，包括理论素养是否提升、专业技能是否强化、科研能力是否增强等。高校要高度关注辅导员培训学习后的实效和成长、提升程度，真正使培训学有所用，学以致用。

### （三）搭建"校企合作"平台，创新培训模式

高职院校要创新培训模式，注重辅导员队伍整体素质的提升，避免由于个体辅导员职业能力不足而造成的"木桶效应"。

1. 构建多层次多形式的培训体系

辅导员的培养培训要坚持国家级培训、省级培训、校本培训、学习考察、学位进修、社会实践、学术研讨、挂职锻炼等多层次多形式的培训体系，紧紧依靠高校辅导员培养和研修基地，继续搭建辅导员入职学习、专题研讨和学历深造等专门平台，集中汇集高校、社会、企业等各方优质教育资源，组建起由高校著名学者、优秀辅导员团队、大国工匠、道德模范等组成的高素质培训团队。根据辅导员的工作年限、工作特征、专业成长需求构建起不同层次的长效培训机制，让辅导员在不断的学习和培训中更新理念、改变教育行为，以此来促进个人能力提升。

2. 校企合作搭建培养培训实践基地

高职院校要积极与行业领先企业深度合作，通过校企合作实现共建共享的方式，搭建辅导员培养培训实践基地。职业教育因校企合作决定了辅导员的培养培训必须建立校企协同的模式。高职院校要积极探索"类型教育"特征凸显的辅导员培养培训机制，充分挖掘企业丰富的思想政治教育人力资源和先进的企业文化，与学校合作的企业构建起辅导员共育模式。通过选聘兼职辅导员和建立德育实践基地等方式，让更多企业参与到辅导员职业教育素养提升的工作中。通过与企业签订辅导员队伍培养培训协议，根据辅导员入职年限、职业能力、实际需求构建起分层、分类的辅导员培养方案。实施辅导员校企共育模式，要求辅导员定期到企业顶岗实习、挂职锻炼，了解企业的核心文化、价值体系、职业理念和企事业单位对高职

学生职业核心素养的需求，主动参与供需对接，协调学校与企业组织在育人中的异质性，参与到企业的员工职业素养培训、企业文化构建、人事管理与岗位绩效考核等方面的实践全过程，从而实现辅导员队伍建设的校企深度融合，切实提高辅导员职业教育能力，促使专职辅导员成长为"业内人士"，成为"双师型"的学生思想政治教育工作者。

3. 搭建辅导员学习发展平台

高校要利用互联网技术打造辅导员思想政治教育、日常学生管理、职业素养提升和辅导员骨干发展等网络思想政治教育平台、工作案例分享平台、工作情景模拟平台等，通过案例共享、经验共享、成果共享，真正促进辅导员队伍的共同发展、共同提升。辅导员可以通过网络平台接受党和国家的理论教育培训，充分利用好"学习强国""中国大学生慕课"等在线学习平台，"高校辅导员联盟""一直在路上"等辅导员工作公众号和"人民日报""光明日报"等思想政治教育学习平台，为辅导员增添更多的活力，促进能力提升的持续性。同时，高校要打造辅导员学习共同体，形成辅导员团队学习文化。在辅导员交流互动中实现价值观念的深度交流与融通。通过经常性的学习、交流、研讨活动，唤醒不同辅导员个体的培育动能，让辅导员有目的、有意识的聚合，在共同营造的学习氛围中，开展理论研究和实践探索，强化辅导员的归属感、认同感、成就感，最终实现辅导员职业能力和专业水平的全面提升。

三、提升专业保障能力，拓宽成长空间

目前，高职院校辅导员队伍存在整体专业化程度不高、结构不合理、职业发展道路不通畅、职业认可度不高等问题，这些问题很大程度上都与辅导员制度建设有关。由此可见，支撑和引领高职院校辅导员专业化、职业化、专家化发展，离不开制度层面的建设和保障。制度导向能在辅导员队伍建设中发挥体制机制牵引力的作用。

（一）加强人员配备，优化队伍结构

高职院校要从辅导员的工作任务和团队结构优化的角度配备专兼结合

的辅导员队伍。结合《高等学校辅导员职业能力标准（暂行）》对辅导员职业能力的划分，辅导员队伍的专业化建设应做到队伍内部的协同创新，形成"梯队式互助、层级型成长"的内部队伍结构协同优化模式。在横向方面，合理调控专职辅导员、兼职辅导员两支队伍的人员比例，科学设置两支队伍的工作职责，确保辅导员总量稳中有升；在纵向方面，构建以中级为主，初级、中级、高级搭配合理的职称队伍结构，构建年龄、性别、专业、学历层次、性格特点、兴趣爱好搭配多元化的人员配备队伍结构，从而保证辅导员团队的梯次发展、工作的互补性和团队的稳定性。在队伍专业化发展的过程中实现"横向分块协同互助、纵向分条以老带新"的格局，进而逐步形成相对稳固的内部协作模式，推进辅导员的专业成长。

1. 完善辅导员准入机制

科学严格的选聘准入机制是保证辅导员队伍政治强、业务精、纪律严、作风正的前提，是提升辅导员队伍专业化建设的基础性条件。高校应依据国家行政指导标准，结合职业教育特点，制定出科学、严格的选拔标准。严格落实辅导员准入制度，提高选聘资格和标准，是辅导员专业化建设的第一道关口，科学有效的选拔机制可以有效保障辅导员的能力建设。高等职业教育具有职业教育的本质属性，又具有高等教育的教育属性。因此，高职院校在辅导员选聘中要严格根据国家《高等学校辅导员职业能力标准（暂行）》中对辅导员职业能力标准的要求来制定，不能违背国家的大政方针，又要符合高职教育特色，制定符合学校办学特色的辅导员准入标准和任职资格条件。辅导员从业者的职业准入标准的科学化是国家和高校应该综合化考虑的重点问题，这样可以把真正具有辅导员职业素养和专业化培养的有志青年吸纳进辅导员队伍，避免将不适合、不能胜任辅导员岗位的人员或不能安心从事辅导员工作的人员吸纳进辅导员队伍，确保高校思想政治教育骨干力量的供给质量。

2. 构建科学的选拔聘任机制

在辅导员选聘时应该按照《高等学校辅导员职业能力标准（暂行）》中的职能要求，在专业背景方面要求具有思想政治教育、管理学、教育学、社会学、心理学以及就业指导、职业教育、学生管理等人文社科类的专业背景，而且要思维活跃，具备创新意识和吃苦耐劳的职业品质。辅导员选拔中要把政治标准放在首位，特别是在选聘上要把文件中"抽象"的政治要求进行量化解读，设定可考核的指标体系，要把理想信念坚定、能够贯彻党的基本路线、执行党的方针政策、具备政治敏锐性和鉴别力的有专业能力做好思想政治工作的优秀人才选拔出来。

3. 规范选拔程序和选拔流程

高校要加强党对辅导员招聘工作的领导，成立由党委书记为组长的辅导员招聘工作领导小组，小组成员包括校长、分管学生工作的副校长、人事部门领导、学工部门领导等。在招聘全过程要秉持公平、公开、公正的原则。招聘流程包括笔试、面试、公示三个环节，从思想政治素养、专业知识、问题解决能力、团队协作能力、心理素质等多个维度，通过"师德""能力""知识""行为"等多方面的素质来考核辅导员的综合职业素养。本着优中选优的原则，真正把高素质、有情怀、爱岗敬业的优秀人才选拔出来充实到辅导员队伍中去。在辅导员经历专业笔试、结构化面试之后，还应该对辅导员的政治素质、身体素质、心理素质等进行综合考核，在工作试用期满后要对辅导员进行客观的、全面的考核，把真正符合辅导员岗位特征的优秀的辅导员留下，把不符合和不能胜任的调离辅导员岗位。

4. 构建校企专兼结合队伍

要依据职业教育校企合作日益紧密的特点，构建一支专兼结合的辅导员队伍。高职院校应把从企业中选聘兼职辅导员作为思想政治教育队伍建设的一项重要工作。积极构建由劳动模范、企业大国工匠、行业企业领军人物、企业一线骨干、人力资源管理人员构成的兼职辅导员队伍，负责对学生职业道德、职业生涯规划、职场适应等内容的补充，形成思想政治教育的协同模式，从而补充和优化现有辅导员队伍。

**（二）优化绩效考核体系，拓宽发展路径**

绩效考核体系是针对员工工作态度及其行为表现，在组织内部建立的评价系统。它是以员工岗位说明书为制定基础，科学选用适合的绩效考核方法，建立的一套系统的、科学的、较为完整的评价员工工作行为与结果的指标体系。高职院校要建立有利于辅导员成长的长效机制，构建以思想政治教育工作质量提升为中心的辅导员绩效考核评价体系，从而能够对见效周期长、工作效果具有内隐性和成果难以转化的辅导员工作予以合理的考评。

1. 绩效考核要加强顶层设计与时代合拍

当前，国家提出要建设专业化的辅导员队伍，对职业教育人才培养的目标是培养更多高素质技术技能人才、能工巧匠、大国工匠。辅导员绩效考核要以职业化、专业化为目标，加大对辅导员思想政治素质、道德品质、职业教育素养、媒介素质等新时代所需职业核心素养的考核，提高考核主体的专业性和考核流程的科学性，并且在考核中采用现代化的手段，从多个层面有针对性地对辅导员工作进行考评。

辅导员的考核要改变先前侧重于定岗明责、绩效评判的工具理性的考核方式，而应该更侧重于职业价值导向和育人目标导向的"价值理性"的考核方式。站在"构造层次模型、建立判断矩阵、计算权重向量、一致性检验"的步骤①，建构科学合理多维度的绩效考核指标体系，既注重考量可量化的工作业绩，又要突出对思想政治教育素养、职业教育素养、媒介素养、育人能力等做实质性评估。辅导员职业能力的绩效考核应按照理论和实践两个维度，站在"一专多能"的考核视角，统筹定性和定量分析，建立辅导员多元化评价机制，打破目前存在的唯科研、唯奖项、唯论文的评价指标体系，设立教学、管理、科研等多序列的职称评聘标准。在考核中合理科学地体现层次性，丰富辅导员职业绩效的衡量维度，真正把辅导员队伍专业化建设建立在育人实效上，建立在落实立德树人根本任务的目标实现程度上，为辅导员职业化、专业化发展保驾护航，真正让辅导员"留得住、升的起、上得去"。

2. 绩效考核要注重均衡过程与结果相结合

考评做好数量与质量、日常与重点、创新与常规、过程与结果的结合。现行的辅导员绩效考核中普遍存在着重成果、轻潜能，重个人绩效、轻团队绩效，重定性、轻定量的问题。因此，在绩效考核的优化中要充分均衡上述三点，使考核能真正具备操作性和有效性。辅导员的考核既有学校层

---

① 王海宁. 高校辅导员队伍专业化职业化建设的现实审视与优化路径：基于全国 4000 余名高校辅导员的问卷调查［J］. 思想教育研究，2020（12）：155.

面对其工作的整体评价，其中包括日常性的辅导员工作和辅导员个体的创新工作，考核要体现特色和工作差异；还有来自学生层面对辅导员的评价，因为辅导员工作的直接对象是学生，学生对辅导员的工作比较了解和熟悉，学生对辅导员的工作态度、专业能力、职业道德等都有比较直接的感受。学生的评价能够直观地反映出辅导员思想政治教育的时效性。学生可以依据辅导员思想价值引领能力、日常学生管理能力、心理咨询和辅导能力、指导学生就业、创业能力、班级管理和建设能力等模块，对辅导员的育人实效进行阶段性评价。因此，辅导员的考核要坚持以学生"获得感"作为检验质量的重要标准，以学生作为重要的考核主体。高校也可以通过学生的思想观念和行为表现来检验辅导员思想政治教育工作的效果，把对学生的评价作为辅导员职业能力成长的有效助推器。在考核工作中要重点从辅导员工作态度、敬业精神、实际付出及学生满意度等方面来考核，减少即时性的显性量化考核指标，做到公正、公平、全面、客观的评价。

3. 绩效考核要发挥激励奖惩作用

绩效考核的目的，不仅仅是对辅导员工作进行的评估，更是要通过考核来促进辅导员工作的改进和提升。如果对考核结果不形成反馈及运用的机制，只能让绩效考核流于形式。因此，高校应重视精神激励和制度激励，将考核结果作为绩效改进、薪酬发放、职业晋升等的重要依据。以利促之，以罚款鞭之，这样才能真正发挥绩效考核作用，形成良好工作氛围和取得更好的工作效果。

高校要根据辅导员思想政治教育工作的特殊性，着眼于辅导员岗位职责和工作内容多样性和复杂性的特点，重点突出考核的激励性因素，统筹目标和责任激励，唤醒辅导员工作的主动性和积极性，增强其职业的使命感、归属感和自豪感。高校要切实将考核评价结果与辅导员职称、职级晋升紧密联系起来。把辅导员工作中考核优秀的辅导员按照"双线晋升"政策予以职称、职级的职务晋升。依据职业发展理论，帮助辅导员做好职业生涯发展规划，并为其搭建良好的职业晋升平台。依据国家关于辅导员"双线"晋升的政策，辅导员的职业发展是立体的，不是平面和一线的，辅导员的发展可以设置行政维度，也可以走专业技术维度。这样既能够帮助辅导员实现职业发展的专业化、职业化，又能促进辅导员队伍的稳定，提升辅导员的职业认同和职业价值感,激发辅导员工作的积极性和主动性,可以把辅导员职业变成一项终身从事的事业。同时,对那些对待学生工作漫不经心,对新知识、新技能麻木,长期忽视学生思想引领,得过且过、不思进取,绩效考核结果不合格的辅导员做出岗位调整,对不适合、不愿意从事辅导员工作且严重失职的辅导员进行淘汰,必要时将其清退出辅导员队伍。这样才能优上劣下,双路并举,畅通辅导员发展通道,保证辅导员队伍"职业肌体"的生命力,切实保障辅导员工作努力有方向、职业上升有渠道、专业发展可持续。

## 四、协同融合,助推多元主体的协同共育

习近平总书记在全国高校思想政治工作会议上明确提出"三全育人"要求,即把思想政治工作贯穿教育教学全过程,实现全程育人、全方位育人,努力开创我国高等教育事业发展新局面。① 2018 年教育部持续推进"三全育人"综合试点工作,全员育人、全方位育人、全过程育人作为落实新时代立德树人根本任务的关键举措。"三全育人"作为思想政治教育工作新的格局安排,反映了新时代思想政治教育的客观规律,是提升高校思想政治教育工作实效性,突破和推进高等职业教育高质量内涵式发展的重要举措,也是满足不同学生群体理论和实践的个性需求,避免思政教育形式化和教条化的必然选择。高职院校辅导员作为高校德育共同体多元主体中的关键主体,要通过调动一切积极因素,形成多元育人主体的联动协同,凝聚起精准育人的强大合力,在多维并进、互动互补中,服务好学生的成长发展。

### (一)做好多元主体协同育人的驱动者

教育是文化传承的重要手段,由于高职教育生源结构的复杂化、教育

---

① 习近平在全国高校思想政治工作会议上强调:把思想政治工作贯穿教育教学全过程　开创我国高等教育事业发展新局面 [N]. 人民日报,2016-12-09 (1).

对象诉求的差异性、教育环境的复杂性，势必造成教育事业的长期性、艰巨性。因此，育人工作不是靠单独作战就可以实现的，而是需要高校举全员之力、汇全员之智、用全员之情。通过多样育人主体职责的整合联结，育人实践活动的渗透合作，育人系统的优化升级，形成育人共同体，实现"三全育人"体系，共同完成培育高素质技术技能型人才的职责使命。

"全员育人"就是要求高校的专业教师、行政管理干部、后勤人员、社会知名人士、优秀校友、家庭以及学生中的优秀分子都纳入思想政治教育的教育主体范畴中，全社会都要承担起立德树人的使命，使得育人力量得到极大的扩充。"全过程育人"就是将立德树人贯穿高校教育教学全过程和学生成长成才全过程，实现育人无时不有。从时间跨度来看，从入学到毕业、从期初到期末、从低年级到高年级、从节假日到寒暑假，所有的时间都需要教育主体向教育对象传播育人信息，发挥育人效果；在空间要素中，从第一课堂到第二课堂，从课堂教学到校园文化，从社会实践到网络运用，从实习实训到学术科研，所有显性教育和隐性教育都需要育人主体渗透思想政治教育内容，发挥出全过程育人的效能。利用课堂主阵地系统地向学生传授马克思主义基本理论和习近平新时代中国特色社会主义思想；课外素质拓展活动让学生在实践中亲身体验修身立德，践行社会主义核心价值观；实习实训让学生在操作中感受劳动精神，培养精益求精、日臻完善的工匠精神；文化创建让学生潜移默化接受环境的熏陶，提升审美情趣；在网络阵地建设中培养学生信息甄别能力，在网络中弘扬主旋律，传播正能量。"全过程育人"要求将立德树人覆盖到课上课下、网上网下、校内校外，形成线上线下对接、网上网下连接、校内校外衔接的全域覆盖机制。把思想政治教育融入学生在学校的所有活动中，实现全方位育人。"全方位育人"，就是把思想政治教育渗透进各学科、各活动、各环节，让所有程序和环节都与思想政治教育同向同行，建立线上线下正向互动的工作格局，促进两个不同教育场域的衔接整合。大力推进学校、社会、家庭、行业、企业等一体化育人，构成一体化育人合力、一体化育人载体、一体化育人保障，实现育人资源共享，育人力量汇聚，达到多方位合力育人的效果。

全员育人体现了育人主体的主导性要求，全过程育人体现了育人时间的延续性要求，全方位育人体现了育人空间的保障性要求。三者是"人、时、空"的辩证统一，是横向贯通与纵向的衔接。辅导员工作与学校其他教职员工所从事的工作殊途同归，守的是同一段"渠"，种的是同一块"责任田"，最终指向都是立德树人，促进学生的全面发展。"三全育人"具体到辅导员岗位上来，需要考虑到辅导员工作的特殊性、综合性、复杂性、艰巨性等特点。辅导员本身就是一个"三全育人"的岗位。辅导员与其他育人主体间具有目标的同向和一致性，工作分工的配合和互补性，工作方式的借鉴和互享性。而且在众多育人力量中，辅导员具备良好的协同基础，可以做好多元育人主体协同育人的驱动者。

一是高校思想政治教育工作队伍，包括思想政治课教师、辅导员、班主任，他们都面对共同的受体学生，这就造成交集和重叠，相互之间具有工作目标的同向性、工作分工的互补性、工作方式的互鉴性，既独立又具备相关性。二是大学生思想政治教育是高校教育体系中的一个子系统。而辅导员兼具教师和管理者的双重身份，在高校中承担着教育、管理、服务学生的多重责任。辅导员既可以站上讲台为学生讲授思政课程，走专业教师系列职称，又可以走行政职务，成为学校各级管理干部。辅导员是教师和管理队伍的后备军和蓄水池，辅导员的合理流动可以为思想政治工作队伍协同奠定良好的人力资源基础。辅导员与高校其他行政部门，如教学部门、学生部门、组织部门等都有着非常紧密的联系。辅导员可以联结教书育人、管理育人、实践育人等的育人主体，发挥共同育人的催化和黏合作用，主动承担驱动者，实现将思想政治教育融入教育教学全过程，自觉为学生进行"群体画像"，建立学生成长档案，根据不同育人主体的定期反馈，及时更新、补充、调整学生的成长档案。在相互良性反馈和跟踪中，形成丰富层次性、交叉性的立体网状育人工作结构，从而使系统结构的整体功能充分发挥作用。同时，作为思想政治教育系统本身也有着教育主体、教育内容、教育方式、教育媒介、教育客体等要素，要素之间也存在着相互关联的结构。三是在高校思想政治教育系统中，辅导员不仅是育人资源的整合者，更是学校与学生联结的纽带。大部分辅导员能够与学生进行"无代沟"交流，能够比较真实、客观地了解大学生的思想状态和动态，发现学生需要解决的现实问题，从而为高校思想政治教育工作的开展提供一线信息，为协同合作奠定信息共享、合作育人的基础。

辅导员是"全员育人"的交叉集，这意味着辅导员需要组织和协调各方面的育人力量，探索思政课教师、专业课教师、校内外行政人员、班主任全员育人格局的构建模式，围绕育人目标集聚各类教育资源，深化"大思政"队伍的协同作用，共同发力、同向而行，共同致力于高校思想政治工作的深入推进，共同推动大学生的成长成才。这样才能改变以往辅导员"散兵作战"的状态，挖掘集体育人的力量，促使辅导员在完成立德树人神圣使命的过程中有同行同向的协作者。在"德育一体化""大思政""大德育"的育人环境下，辅导员队伍建设不能只是单打独斗、闭门造车，需要辅导员学会与各部门、各成员的协同，学会以大局观合力发展，相互合作，共享资源。

### （二）提升思想政治工作队伍的协同

#### 1. 思想政治课教师的协同

中共中央、国务院印发的《关于加强和改进新形势下高校思想政治工作的意见》中提到"把解决思想问题与解决实际问题结合起来，做到既讲道理又办实事"。辅导员队伍与思想政治课教师队伍是高校思想政治教育工作的主体力量，在大学生成长成才和立德树人工作中扮演着重要角色并发挥着不可替代的作用。这两支队伍协同发展、有机融合则可解决以上问题。但目前这两支队伍长期分制，思政课教师由思政部管理，辅导员由学工部和院系双重管理。虽然两者都具有向学生开展思想政治教育的职能，但两者之间衔接不够、交流不畅，存在"单兵作战"甚至存在思想政治教育各行其是的"孤岛化"现象。这种模式已经不能适应"三全育人"大思政的教育理念。辅导员和思政课教师的协同融合和身份转化是做好新时代高校思想政治工作的必然要求。

普通高等学校辅导员队伍建设规定（43号令），青年教师晋升高一级专业技术职务（职称），须有至少1年担任辅导员或班主任工作经历并考核合格。中共中央办公厅、国务院办公厅印发的《关于深化新时代学校思想政治理论课改革创新的若干意见》，对强化思想政治理论课的教师队伍建设作出部署，要求高校积极推动符合条件的辅导员参与思政课教学。这为辅导员承担思想政治理论课等相关课程的教学工作提供了基本遵循。辅导员作为思政教师队伍的重要来源，为思政课教师队伍培养后备力量。辅导员是高校思想政治理论课教师队伍的重要组成部分。思政课教师可以承担兼职辅导员的工作，通过接触学生、了解学生，更好地开展接地气的思想政治教育工作。随着高校分工越来越细化，思想政治教育的功能表现出价值引领、日常思想教育、业务保障等功能。思想政治教育引导学生树立共产主义坚定信念，认同民族复兴的伟大事业，培养高尚道德情操，养成良好的学习、行为性格，单独依靠哪支队伍都不可能实现。辅导员队伍和思政课教师队伍，作为高校思想政治教育的骨干力量，融合与协同是提升高校思想政治教育实效性的必然选择。

当前高校思政课教师大多数都是硕士以上学历，有扎实的理论功底，掌握着最前沿的理论研究成果，能在课堂上对学生进行系统的马克思主义理论知识教育。广大辅导员都具有较高的政治素养和坚定的理想信念，而且具备离学生近的天然优势，可以直接参与学生的现实生活和学习等过程，从而能够掌握学生实时的思想动态，能够及时精准地研判学生思想发展的新形势、新任务、新问题。辅导员通过不断地走近学生，了解学生，从而能够找寻到思想理论教育与大学生理论兴趣的共鸣点，能够以适合学生性格特点的方式开展思想政治教育，从而把深的理论讲清楚、讲透彻、入头脑、入心理，而且也能使辅导员在教学中提升思想政治理论功底。思政课教师能弥补辅导员专业理论阐释能力不足的问题，辅导员能弥补思政课教师的理论与学生生活实际不衔接、不贴近的问题。只有这两支队伍协同发展，课上课下形成合力，联袂打造思政工作的新格局，才能最大限度发挥思政教育的功能。目前两支队伍在工作中还存在相互割裂、各自为政的现象。一方面，高校辅导员参与思政教育教学的动力和能力不足。随着高校思想政治工作学科化发展，辅导员的角色定位已日益转化为主要从事日常思想政治教育的工作者，学院职能部门和相关学院对于辅导员参与思政课教学和开展思想政治教育的重要性认识不足，重视度不够，认为辅导员参与思政课教学是做与本职无关的工作，是耗费精力。而辅导员个体在开展思政教育教学工作也存在思想政治理论水平不高，对思政课教学内容、话语体系难以适应等问题。另一方面，辅导员和思政课理论教师之间缺乏工作交集，思政课教师占据课堂，辅导员占据课外生活，两者的教育之间没有交融,这就造成思想政治工作的单一性和片面性,降低了思政工作的整体效果。

习近平总书记在全国高校思想政治工作会议上强调:"做好高校思想政治工作,要因事而化、因时而进、因势而新。要遵循思想政治工作规律,遵循教书育人规律,遵循学生成长规律,不断提高工作能力和水平。"① 这表明高校思想政治教育要把把握规律性和追求实效性进行辩证统一,充分发挥出辅导员队伍和思想政治理论课教师队伍优势互补的作用,形成思想政治教育合力。思政课教师要利用好课堂主阵地、主渠道,发挥其学科专业优势,在"深""精"上下功夫,把深刻理论讲清楚、讲透彻,同时在课堂教学中走近学生,对学生的思想动态、个性品行、学习和生活的真实状态、存在问题有更具体的把握。能够把复杂理论通俗化、生活化、具体化、实践化,提升理论维度,实现"理论掌握群众"。思政课是对处于"拔节孕穗期"的青少年开展的"关键素质"的教育。思政课重在塑造学生的价值观,树立正确的理想信念,学会正确的思维方式。它承担着引导学生增强中国特色社会主义道路自信、理论自信、制度自信、文化自信,厚植爱国主义情怀,引导学生把爱国情、强国志、报国行自觉融入坚持和发展中国特色社会主义、建设社会主义现代化强国、实现中华民族伟大复兴的中国梦的行动中。思政课作为大学生的必修课程,具有科学的理论体系和完整的教学内容,但需要强调的是思政课堂教学并不是由思政课教师独立完成的"独角戏",而是需要辅导员的深度参与才能共同谱写出和谐的"协奏曲"。辅导员要走进思政课堂,深度参与课堂教学,使课堂教学成为传播先进思想理论的主渠道,充分发挥出辅导员队伍的优势,在教学中不断磨炼自己。辅导员善于把握学生的认知规律和接受特点,通过对课堂教学内容的精心设计,创新教学形式,设置互动性强、参与度高、延展性大的课堂教学和实践环节,来增强课堂的亲和力、针对性和体验性,让学生动起来、说出来、走出去。同时,辅导员要注重在"情""义"上下功夫,引导学生发挥教育主体的作用,使课堂教学融思想性、理论性、情感性和实践性为

---

① 习近平在全国高校思想政治工作会议上强调:把思想政治工作贯穿教育教学全过程 开创我国高等教育事业发展新局面 [N]. 人民日报,2016-12-09 (1).

一体。辅导员在课堂上要加强价值辨析教育，把爱党爱国爱社会主义的道理讲清楚、讲透彻。在日常思想政治教育中，辅导员要规避就事论事，只解决具体问题忽略思想层面教育的低层次教育，而是要在自身提升理论素养的基础上，变训导为疏导，变管理为说理，真正把解决大学生的理论认知和解决实际需求结合起来，提升思想政治教育的亲和力和针对性。高校辅导员队伍与思政课教师队伍的协同不是通过简单的"相互兼职"就能实现的，而是通过高校思想政治理论教育与实践的协同，传授知识与渗透主流价值观的融合，高校思想政治课堂教育与第二课堂教育的协同。两者协同的育人效应一旦真正形成，就能激发大学生情感的"触发点"，能够达到增强思想政治效果，形成思想政治教育主渠道和思想政治教育重要渠道的合力。辅导员通过在课堂中为学生传道授业树立崭新的辅导员形象，更能提升学生对辅导员及其职业的认同感，从而增强思政教育的影响力和感染力。

2. 班主任的协同

班主任制度是我国高等学校长期实行的一项育人工作制度。《教育部关于加强高等学校辅导员、班主任队伍建设的意见教社政》中强调：辅导员、班主任是高等学校教师队伍的重要组成部分，是高等学校从事德育工作，开展大学生思想政治教育的骨干力量，是大学生健康成长的指导者和引路人。加强辅导员、班主任队伍建设，是加强和改进大学生思想政治教育和维护高校稳定的重要组织保证和长效机制。但很多时候辅导员与班主任之间的工作协同关系尚不科学。首先，辅导员和班主任要明确岗位职责。辅导员、班主任都具有教育和管理学生的职责，在班集体建设中都发挥着重要作用。辅导员和班主任在工作重心上各有侧重。班主任侧重于对一个班的学生的学习生活的指导，从技术上给予学生思想、工作、生活、学习、择友等方面的具体帮助和指导。班主任是一个班的组织组、领导者和教育者，是学生管理工作的兼职人员；辅导员是高校基层政治工作干部，是在学工部、院系党组织领导下，全面掌握学生思想行为特点及思想政治状况，有针对性地帮助学生处理好思想认识、价值取向、学习生活、择业交友等方面的具体问题。辅导员是开展学生思想政治教育工作的专职人员，基本每个学院、每个年级都按照师生 1：200 的比例配备一定数量的辅导员。辅导员全面关心学生的成长成才，是对学生进行思想政治教育的骨干力量。同时在学院内协调各方力量，共同做好学生的思想政治教育工作。辅导员侧重思想理论教育和价值引领，引导学生深入学习习近平总书记系列重要讲话精神，深入开展中国特色社会主义、中国梦宣传教育和社会主义核心价值观教育，帮助学生不断坚定中国特色社会主义道路自信、理论自信、制度自信、文化自信，牢固树立正确的世界观、人生观、价值观。辅导员与班主任的职责范围是点面结合，两者相互补充，相互促进。加强辅导员与班主任的协同，实现辅导员与班主任育人目标的统一，在工作中相互支撑、相互渗透、相互补充、相互促进，这样才能实现育人目标的统一，达到互利共赢的目的。其次，辅导员和班主任还需要实现信息共享的协同。目前，高校多由专业教师来兼任班主任，通过班主任岗位带动专业教师参与到学生教育管理队伍中，从而促进专业教师更深刻地了解学生，加强对思想政治教育工作的理解和支持。由此可见，专业教师兼任班主任是提升高校思想政治教育工作效率的有效措施。辅导员要及时地把党的教育方针政策、思想政治教育理论、时事热点、学生思想动态等信息传递给班主任，与班主任同心协力做好学生的思想政治教育工作。同时班主任方面则要把学校教育改革发展动态、学科建设与专业发展情况、学生实习实训与顶岗实习、就业创业与学习风气等方面的信息及时与辅导员进行共享。两者形成协作力量，从而全面提升大学生日常思想政治教育和管理服务的实效，促进大学生健康成长成才。

3. 辅导员的协同

高职院校辅导员各司其职、"个人包干"单一的工作模式是导致辅导员工作繁杂、工作效率低的主要原因。辅导员团队建设已成为优化辅导员管理效率的新态势。辅导员队伍内部应该优化工作结构，由"什么都管"转向"针对性管"，最终形成"合作性管"的横向协作的育人模式。通过组建辅导员工作团队，发挥团队成员的专业、性格、能力优势，实现优势互补、信息共享、知识重构、互助成长，不断激发辅导员的个人潜力和集体智慧，促进团队成员互相学习和共同发展，提高辅导员群体的整体素质与协作能力。例如，鼓励辅导员形成跨学科交叉融合的辅导员工作理论与实践研究团队，开展同一职业发展阶段的辅导员沙龙，形成不同发展阶段辅导员的传帮带计划等。学工部作为辅导员队伍建设的主管部门，要抓好辅导员团队建设，打造辅导员院级、校级、项目和交叉辅导员团队，通过培育辅导员团队品牌和项目品牌，实现辅导员整体队伍的发展。随着社会分工和精细化管理模式的发展，辅导员工作也开始精细化分工，辅导员相互分工协作越明确，收效越显著，工作将事半功倍，辅导员就能在相应的工作领域有更高的发展，走专业化、专家化道路。

### （三）构建专业教师协同机制

1. 引导树立协同育人理念

高校思想政治教育工作是一项复杂的工程，具有系统性、整体性的特点。提升高校思想政治教育育人效果，需要加强优质教育资源的建设，创新协同育人机制。专业课教师和辅导员都是高校育人系统的教育主体。辅导员与专业教师工作面向的对象都是学生，引领学生成长成才是两者共同的教育目标。辅导员的主要职责是依托传统和网络媒介等载体对学生开展思想政治教育、心理健康教育、职业生涯规划与就业指导、道德与法制教育和日常管理服务工作。专业课教师的主要职责是通过课堂上专业知识的传授、实践环节中业务能力的提升，帮助学生构建专业知识和技能体系，提升知识构建和终生学习能力。虽然两者在思想政治教育和专业教育中的着力点不同，但两者目标具有高度一致性。两者都承载着立德树人的教育使命和教书育人的价值目标，都承担着培养高素质技术技能人才的重任。辅导员和专业课教师之间的协同、融合有助于实现教育资源的优化配置，提升思想政治教育的效果。高校要提升专业教师和辅导员的思想政治素质和育人能力，积极营造协同育人的氛围，使全体教师认识到自己在大学生思想政治教育工作中的作用和优势地位，主动挖掘专业课程的思想政治教育资源，形成"思政课程＋课程思政"的大思政格局，增强协同育人理念。辅导员与专业课教师可以针对学生在学习生活中遇到的专业认知、职业生涯规划、个人成长、实习实训和定岗实习等各方面的困惑和问题，形成工作协同机制，把解决学生实际问题和思想问题有机结合，达到优势互补、协作融合，实现"1＋1＞2"的育人效果。

2. 完善协同育人制度

课程思政的实施可有效解决高等教育价值观教育与专业教育相剥离、

教书与育人相割裂的情况。高职院校要契合国家思想政治教育的宏观战略要求，把课程思政的工作目标纳入学生内部管理体系中，尤其是教学管理和学生工作部门中，充分调动起教师参与协同育人工作的积极性和主动性。在课程思政目标指引下，辅导员和专业课教师的工作协同有着必然的现实需要。辅导员应主动做好学生与各专业课教师之间沟通的桥梁，协助专业课教师了解所带学生群体的思想状况，强化专业课教师的育人意识，并就学生专业课学习情况及时与专业课教师沟通反馈，使得专业课教师能够不断调整教学进度、教学方式和教学内容。专业课教师可以掌握不同时期不同教育对象的话语特征，深化其对学生开展课程思政教育的时代要求和价值内涵，从而增强其开展思想政治教育的素质与能力。同时，辅导员可通过开展各种社会实践活动，使专业课程真正成为"活"的课程，有用的课程。专业课教师能够弥补辅导员对学生专业发展规划能力不足的问题。

3. 积极构建协同平台

辅导员和专业课教师可以结合自身专业特点，在交叉领域开展协同研究。辅导员在参与集体探讨，承担科研任务的过程中，激发科学研究兴趣，掌握科研方法，提升科研能力，为辅导员走专家化道路创造必备条件。辅导员和专业课教师可以协作指导大学生课外实践活动，从而提升第二课堂的质量与效果。辅导员可以跟随专业课教师到实践第一线，指导学生开展社会实践活动，多层面帮助学生解决社会实践活动中的各种问题。同时加强辅导员与专业教师的信息共享，把各自掌握的有关学生的所有信息及时通报和汇总，做到资源共享和信息对称，为各自开展教育教学工作提高工作效能，从而形成强有力的育人合力，切实提高人才培养质量。